Bibliografische Information der Deutschen Nationalbibliothek:

Die Deutsche Bibliothek verzeichnet diese Publikation in der Deutschen National-
bibliografie; detaillierte bibliografische Daten sind im Internet über http://dnb.d-
nb.de/ abrufbar.

Impressum:

Copyright © 2012 GRIN Verlag
Druck und Bindung: Books on Demand GmbH, Norderstedt Germany
ISBN: 9783668778078

Dieses Buch bei GRIN:

https://www.grin.com/document/209597

Alexander Kieslinger

Klientenwirksame Verbesserung der Fachberatung durch systemische und organisationspsychologische Aspekte

GRIN Verlag

Klientenwirksame Verbesserung der Fachberatung durch systemische und organisationspsychologische Aspekte

Abschlussarbeit zum Lehrgang
„Management, Psychologie und Leadership 2012"
am Management Center Innsbruck

Erstellt von

Ing. Mag. (FH) Alexander Kieslinger

Dornbirn, am 11. November 2012

Vorwort

Im Frühjahr dieses Jahres habe ich mich entschieden, den Lehrgang „Management, Psychologie und Leadership" am Management Center in Innsbruck zu absolvieren. Mein Ziel ist es, zu meiner technischen Grundausbildung und meinem betriebswirtschaftlichen Studium ergänzendes Wissen im sozialwissenschaftlichen Aspekt der Betriebswirtschaftslehre zu erwerben.

Das Motiv für die Wahl dieses Themas zur Abschlussarbeit liegt in meinem beruflichen Umfeld, der Fachberatung im Bereich der Logistik und des Supply Chain Managements. Dabei zeigt sich, dass der ausschließliche Ansatz der Fachberatung nicht oder nur teilweise zufriedenstellende Ergebnisse in Beratungsprojekten liefert. Im Rahmen der Arbeit soll daher aufgezeigt werden, inwiefern die Fachberatung weiter entwickelt werden kann.

An dieser Stelle möchte ich mich bei meinem Arbeitgeber für die aktive Unterstützung und Finanzierung des Lehrgangs am Management Center Innsbruck bedanken.

Ebenfalls bedanken möchte ich mich bei meinem Betreuer der Abschlussarbeit, Herrn Dipl. Psych. Ulrich Schoop, MBA, Senior Consultant bei Köhninger PME in Augsburg, für die spannende Lehrveranstaltung zum Thema Organisationspsychologie sowie für die Betreuung und Evaluierung der Abschlussarbeit.

Zu guter Letzt gebührt ein herzlicher Dank an meine Partnerin Carmen Abbrederis, Leiterin des Kindergartens in Dornbirn-Rohrbach, für die Korrekturarbeiten sowie insbesondere für die inspirierenden Diskussionen zu psychologischen und pädagogischen Fragestellungen.

Inhaltsverzeichnis

Abbildungsverzeichnis

Tabellenverzeichnis

Abkürzungsverzeichnis

BKS	Berater-Klienten-System
BS	Berater-System
bzw.	beziehungsweise
d.h.	das heißt
KS	Klienten-System
SCM	Supply Chain Management
z.B.	zum Beispiel

1 Einleitung

1.1 Problemstellung

Die Logistik und das Supply Chain Management in Unternehmen sind sehr starken Wandlungen unterworfen. Gesetzliche Rahmenbedingungen verändern sich, neue Märkte werden erschlossen, Outsourcing und Kollaboration gewinnen an Bedeutung. Die Unternehmen, vor allem aber die Menschen in diesen Unternehmen, sind daher permanent mit Neuigkeiten konfrontiert. Als Fachberater für Logistik und Supply Chain Management erlebe ich oft, dass Veränderungen sehr technisch angegangen werden. Faktenbezogene Aspekte wie Tools oder Prozesse sind leicht zu verändern. Das bedeutet aber noch lange nicht, dass Mitarbeiter diese Umgestaltungen auch akzeptieren und ihr Verhalten anpassen. Nur die wenigsten Change-Projekte laufen erfolgreich, da Menschen nicht immer das tun, was ihnen gesagt wird (Kieslinger, 2012).

Darüber hinaus ist in der Fachberatung immer wieder zu beobachten, dass Kunden die Beratungsergebnisse nicht oder nur teilweise umsetzen können, Konzepte sprichwörtlich in der Schublade landen oder Mitarbeiter und Organisation nach einer Optimierung bzw. Reorganisation in alte Verhaltensmuster zurück fallen. Dieses Phänomen zeigt sich insbesondere bei Projekten mit hohem Veränderungscharakter, also immer dann, wenn einzelne Mitarbeiter oder Organisationen als Ganzes von der Veränderung betroffen sind.

Zudem ist in den Akquisitionsgesprächen vermehrt ein gewisses Misstrauen von Kunden gegenüber Fachberatern wahrzunehmen. Diese Skepsis rührt häufig aus schlechten oder enttäuschenden Beratungsprojekten aus der Vergangenheit her. Und obwohl es aus inhaltlicher Sicht Beratungsbedarf gibt und Beratung auch ökonomisch Sinn machen würde, kommt eine Beauftragung aufgrund der gemachten schlechten Erfahrungen nicht zustande.

1.2 Zentrale Fragen

Fachberater sind Experten in einem spezifischen Themengebiet. Unternehmen beauftragen einen Fachberater, weil ihnen zu einem gewissen Zeitpunkt spezifisches Fachwissen fehlt oder eigene Ressourcenträger, die dieses Know-how hätten, nicht verfügbar sind.

Der Erfolg eines Fachberatungsprojektes ist aber oft nicht die Lösung des fachlichen Problems an sich. Diese ist sozusagen lediglich die Mindestanforderung an einen Fachberater. Der Erfolgsfaktor, für den Kunden als auch für den Berater, ist die nachhaltige Implementierung der erarbeiteten Lösung in der Kundenorganisation.

Die vorliegende Arbeit beschäftigt sich daher mit der zentralen Frage, inwiefern Ergebnisse aus der Fachberatung besser und nachhaltiger umgesetzt werden können.

1.3 Ziel der Arbeit

Meine persönliche Zielsetzung als Fachberater im Umfeld des Supply Chain Management bzw. der Logistik im Rahmen dieser Arbeit ist es, Verbesserungsmöglichkeiten in Bezug auf die Interaktion im Beratungssystem zu entwickeln. Dies hat eine vertriebsorientierte Komponente, welche in der Arbeit aber nicht näher betrachtet werden soll. Im Fokus steht die Betrachtung der Beratungsphase, also vom Zeitpunkt des Projektstarts bis zum formellen Abschluss. Auf die fachlichen Rahmenbedingungen aus dem Supply Chain Management und der Logistik wird in der weiteren Folge der Arbeit nicht mehr näher eingegangen, da diese für die Zielsetzung der Arbeit nicht relevant sind. Daher können die Erkenntnisse der Arbeit auch für Fachberater mit anderen thematischen Schwerpunkten nützlich sein.

Ziel der Arbeit ist es, den Einfluss systemischer und psychologischer Aspekte in der Fachberatung aufzuzeigen. Darauf aufbauend sollen konkrete Handlungsoptionen für den Berater, das Beratungssystem bzw. das Beratungsunternehmen erarbeitet werden, um eine für den Kunden nachhaltigere Ergebnissicherung bei Geschäftsprozessoptimierungen zu erreichen.

1.4 Methode und Vorgangsweise

Im ersten Teil der Arbeit wird auf die Beratung im Allgemeinen sowie auf die systemische Sicht in der Beratung im Besonderen eingegangen. Dabei wird aufgezeigt, warum Fachberatungsprojekte oft scheitern. Weiters wird das Berater-Klienten-System und die systemische Schleife in ihren Grundzügen beschrieben. Darüber hinaus werden die unterschiedlichen Ansätze der Fachberatung und der systemischen Beratung näher dargestellt und im integrativen Consulting-Ansatz zusammengeführt. Da Beratung meist Anstoß für Veränderung ist, wird abschließend dieser Aspekt beleuchtet.

Im zweiten Abschnitt werden Voraussetzungen für Change-Vorhaben geklärt sowie die Modelle von Kotter sowie Graves beschrieben. Ein Kernelement der Veränderung ist die Ebene der Verhaltens- und Kulturveränderung, welche im Anschluss näher dargestellt wird. Der Aspekt der Führung in Veränderungsprozessen, insbesondere im Kontext von Verhaltens- und Kulturveränderungen, bildet den Abschluss dieses Teils der Arbeit.

Im dritten Kapitel wird auf den psychologischen Aspekt bei Veränderungen und in der Führung eingegangen. Dabei werden fördernde und hemmende Elemente des organisationalen Lernens präsentiert und auf der Grundlage von aktuellen neurowissenschaftlichen Erkenntnissen Regeln für „gehirngerechtes" Führen vorgestellt.

Im vierten Teil der Arbeit wird ein neues Beratungsmodell entwickelt, um die Fachberatung mit den dargestellten Erkenntnissen aus der Systemtheorie, aus dem Veränderungsmanagement sowie aus der Führung zu verbessern. Dabei geht es um eine Innen- sowie Außensicht. Die Innensicht beschreibt, welche neuen Anforderungen an Fachberater daraus abzuleiten sind und beschäftigt sich darüber hinaus mit Fragen der internen Organisation des Beratungsunternehmens. Die Außensicht handelt insbesondere davon, welche Maßnahmen ergriffen werden können, um Veränderungen wirksamer und nachhaltiger in der Kundenorganisation zu implementieren. Zum Abschluss werden der Nutzen und die Herausforderungen des Ansatzes aufgezeigt

Im letzten Kapitel wird ein Ausblick auf die Umsetzung des Modelles im eigenen Unternehmen gegeben. Darüber hinaus werden persönliche Aspekte der Veränderung durch die Einführung des neuen Beratungsmodells aufgezeigt.

2 Integrativ beraten

Dieses Kapitel beschäftigt sich mit den Ansätzen der Fach- sowie der systemischen Prozessberatung. Dabei werden eingangs die Schwächen der Fachberatung aufgezeigt und anschließend die Grundzüge der systemischen Beratung beleuchtet. Dieser Abschnitt endet mit der Zusammenführung der Ansätze der Fach- und Prozessberatung im integrativen bzw. komplementären Beratungsansatz.

2.1 Warum Beratungsprojekte scheitern

Wenn Unternehmen vor Problemen oder Fragen stehen, für die sie keine vergleichbaren Lösungen, keine Erfahrungen oder kein Wissen verfügbar haben, werden sie bei Beratern Hilfe suchen. Sie suchen üblicherweise nach einem Experten, der ihnen bei ihrem Problem helfen kann und der für die jeweilige Fragestellung das beste, neueste, wissenschaftlichste oder „sonst wie" Wissen hat. Dies schafft eine asymetrische Beziehung, in welcher der Berater in die Expertenrolle gelangt, während sein Kunde in die unterlegende Nichtexpertenposition gerät (Simon, 2009, S. 319).

Abbildung 1: „Thank God! A panel of experts!", Quelle: (Simon, 2009, S. 319)

Grundlegendes Geschäftsmodell vieler Beratungsunternehmen ist eine mehr oder weniger ausgeprägte Standardisierung der Tools und Methoden, damit auch junge, neue Fachberater möglichst schnell in den „Produktiveinsatz" beim Kunden übergehen können. Eine der Konsequenzen diese Ansatzes ist, dass die Probleme des zu beratenden

Unternehmens so umgedeutet werden müssen, dass sie zu den Methoden des Beraters passen (Simon, 2009, S. 320).

Daher landen Konzepte oder Maßnahmenlisten oft in der Schublade. Die Verbesserungsmaßnahmen führen nicht zu den geplanten und versprochenen Resultaten oder können nicht implementiert werden. Die Mitarbeiter machen nicht das, was man ihnen sagt, sondern das was sie für sinnvoll erachten (Simon, 2009, S. 321).

Nach Mohe & Seidl gibt es vier zentrale Gründe für das Scheitern von Beratungsprojekten (Mohe & Seidl, 2008):

1. **Fehlende Fachkompetenz der Berater und mangelndes Interesse der Klienten**

   Gründe für das Scheitern liegen teilweise in den persönlichen Charakteristika von Beratern und Klienten begründet. Den Consultants wird seitens der Klienten häufig fehlende Fachkompetenz attestiert. Die Klienten haben dagegen nicht selten wenig Interesse an den Projekten, wodurch ihre notwendige Unterstützung gegenüber den Beratern ausbleibt. Von den Beratern wird in solchen Fällen häufig ein „heiliger Gral" erwartet. Ohne, dass die eingeschlagenen Pfade des Unternehmens verlassen werden müssen, soll die Beratung den Ist-Zustand verbessern. In derartigen Situationen ist das Scheitern kaum vermeidbar.

2. **Schlechtes Projektmanagement und fehlende Ressourcen**

   Ein weiterer wichtiger Grund ist die unzureichende Bereitstellung von Ressourcen. Weder die Berater noch die Klienten sind bereit, die benötigten Mittel und Informationen zur Verfügung zu stellen. Auch ein vernachlässigtes Projektmanagement seitens der Berater und deren fachliche Ausführungsmängel bei der Umsetzung haben negative Auswirkungen.

3. Unklare Erwartungen und ungenügende Kommunikation

Erschwert wird die Zusammenarbeit zwischen Beratern und Klienten durch eine dysfunktionale Beziehung zueinander. Diese Beziehung ist durch unklare Erwartungen und eine ungenügende Informationsübermittlung gekennzeichnet. Im schlimmsten Falle führt dies dazu, dass die beiden Parteien, die eigentlich miteinander arbeiten sollen, am Ende gegeneinander arbeiten.

4. Interne Widerstände werden unterschätzt

Letztlich werden die sozio-politischen Aspekte einer Organisation von den Beratern oftmals unterbewertet. Diese Fehleinschätzung kann dazu führen, dass die Relevanz von internen Widerstandspotenzialen unterschätzt wird. Daher ist es umso wichtiger, die betroffenen Unternehmensteile frühzeitig in den Beratungsprozess zu integrieren.

Die erläuterten vier Eckpunkte sind keine Alleinstellungsmerkmale. Häufig treten sie bei gescheiterten Beratungen als komplexes Ursachenbündel auf. Eine Analyse ihrer Relevanz für den Beratungsmisserfolg ist daher erforderlich. Nach den vorangegangenen Ausführungen könnte man meinen, dass sich das Scheitern von Beratungen durch möglichst gutes Entgegenwirken der Defizite vermeiden lässt. Betrachtet man die unterschiedlichen Denk- und Verfahrensmuster, sowohl auf Berater- als auch auf Klientenseite, wird das Informationsdefizit des Beraters deutlich. Da die angeführten Handlungsparadigma zwischen den beiden Geschäftspartnern verschieden sind, kann sich der Berater nur ein sehr vages Bild von der Organisationsstruktur des Klienten machen. Dieses Gerüst muss aber nicht einmal der Realität entsprechen. Durch die Differenz der internen Muster kann dieses Defizit auch nur schwer durch die interaktive Kommunikation ausgeglichen werden. Daher entstehen zwangsläufig Missverständnisse, die den Beratungsprozess mehr oder weniger stark beeinträchtigen (Müller, Heinze, & Wewezow, 2008).

Aus der systemtheoretischen Perspektive lässt sich dies damit erklären, dass der Unterschied zwischen trivialen und nichttrivialen Systemen deutlich wird. Unternehmen als nichttriviale Systeme sind lernfähig, sie können aufgrund eines Inputs ihre internen Strukturen verändern. Sie funktionieren daher in einer Weise, die es dem Beobachter prinzipiell nicht erlaubt, aufgrund der Analyse von Input-Output-Korrelationen das Verhalten des Systems vorherzusagen. Was immer ein Manager oder ein Berater sagt oder tut, er hat nie die Kontrolle über das System, er hat es nie „im Griff" (Simon, 2009, S. 318 ff).

2.2 Das systemische Organisationsverständnis

Bevor auf die systemische Organisationssicht eingegangen wird, soll in nachstehendem Vergleich das mechanistische dem systemischen Weltbild gegenüber gestellt werden:

Mechanistisches Weltbild	Systemisches Weltbild
Objektivität, eine Wahrheit, unveränderliche Gesetze	Wirklichkeitskonstruktion, viele Wahrheiten, „Thesen"
Richtig-falsch, schuldig-unschuldig	Kontextabhängig, Nützlichkeit, Anschlussfähigkeit
(Fremd)Steuerung	Selbststeuerung, Selbstorganisation
Lineare Kausalketten	Vielfältige Wechselwirkungen, Feedbackschleifen
Formale Logik, Widerspruchsfreiheit	Integration von Widersprüchen
Harte Fakten, rationale Beziehungen	Integration von harten und weichen Faktoren (Emotionen, Intuitionen, Kommunikationsprozesse)
Rollen: Macher, Führer, Geführte	Rollen: Impulsgeber, Befähiger, Coach, Entwicklungshelfer
Methoden: Instruktion, Anordnung, Befehl, Lernen durch Versuch und Irrtum	Methoden: Zuhören, Fragen, Diskussion, Reflexion, Lernen des Lernens

Tabelle 1: Vergleich mechanistisches und systemisches Weltbild, modifiziert nach (Königswieser, Hillebrand, & Ortner, 2009, S. 28)

Grundlage für das systemische Organisationsverständnis ist das Verständnis der Wirtschaftswissenschaft als Sozialwissenschaft. Sie sehen Unternehmen als nichttriviale, soziale Systeme, d.h. als Kommunikationssysteme. Das Unternehmen als selbsterhaltendes, autopoietisches System folgt dabei charakteristischen Organisationsprinzipien in der Logik seiner Prozesse. Das Wissen der Organisation ist dabei nicht in den Köpfen der Mitarbeiter gelagert, sondern es ist implizit in den

Prozessen lokalisiert, die das Unternehmen als abgegrenzte Überlebenseinheit erhalten. Und eine lernende Organisation ist keine Organisation, in der ihre Mitarbeiter lernen, sondern eine, die in der Lage ist, ihre Spielregeln, ihre Kommunikationsmuster und Strukturen zu verändern, um Ziele zu erreichen (Simon, 2009, S. 321 f).

Nachstehend eine Zusammenfassung der Grundannahmen der systemischen Organisationssicht, die in späterer Folge für die systemische Beratung von Bedeutung sind (Königswieser, Hillebrand, & Ortner, 2009, S. 35 f):

- Organisationen funktionieren nicht wie triviale Maschinen. Sie führen ein mehr oder weniger autonomes Eigenleben und sind daher nicht direkt beeinflussbar und auch nicht gänzlich durchschaubar.
- Sie reproduzieren sich mittels Kommunikation ständig selbst, sind in permanenter Veränderung begriffen und schaffen immer neue Ordnungsgefüge in Form von erinnerter Geschichte, strukturell festgehaltenen Erfolgen und abgestimmten Wahrnehmungsmustern und Erwartungshaltungen.
- Dieses „Selbstverständnis" verdichtet sich in Sinnkonstruktionen und Weltbildern, die aus der Innensicht als Leitbilder in die Umwelt projiziert werden. Interne Ordnungsstrukturen, Sinnkonstrukte und Weltbilder verleihen innerhalb der Organisation Sicherheit und Stabilität, behindern aber gleichzeitig das Reagieren auf Veränderungen in einer dynamischen, sich verändernden Umwelt.
- Organisationen können nicht nur aus Not und auf Druck von außen lernen, sondern auch proaktiv, in dem sich sie selbst und ihre jeweiligen Umwelten aktiv und kreativ umgestalten.

Aufbauend auf dieser Grundlage wird nachfolgend auf die systemische Beratung im eigentlichen Sinn eingegangen.

2.3 Das Berater-Klienten-System

In einem Beratungsverhältnis stehen sich zwei soziale Systeme gegenüber bzw. kommunizieren miteinander: Die um Beratung anfragende Organisation als das Klientensystem (KS) und die Beraterorganisation als das Beratersystem (BS). Durch die für die Zeitdauer des Beratungsprojektes entstehende Interaktion zwischen KS und BS etabliert sich ein drittes System, das Berater-Klienten-System (BKS) (Königswieser, Hillebrand, & Ortner, 2009, S. 36).

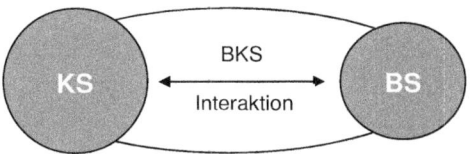

Abbildung 2: Das Berater-Klienten-System,
Quelle: (Königswieser, Hillebrand, & Ortner, 2009, S. 36)

Durch den Abschluss eines Beratungsvertrages erklären beide Systeme das jeweils andere System als relevante Umwelt. Erst damit können die Berater in ihren Rollen und entsprechend den damit verbundenen Erwartungen wirksam werden (Königswieser, Hillebrand, & Ortner, 2009, S. 36).

Unter Intervention versteht man die zielgerichtete Kommunikation zwischen zwei Systemen mit beabsichtigten Wirkungen innerhalb des KS. Für das BS sind die Mitglieder des KS die eigentlichen Experten für ihre Aufgaben und sie können daher auch nicht einfach „belehrt" werden. Das BS bringt in erster Linie Prozess-Know-how und kontextbezogenes Fach-Know-how ein, vor allem aber die wichtige Außensicht. Systemische Beratung lässt sich zusammenfassend von folgenden Prinzipien leiten (Königswieser, Hillebrand, & Ortner, 2009, S. 36 f):

- *Begrenztheit*: Interventionen können nur Impulse sein, aus denen das KS macht, was es machen kann. Die Möglichkeit des Einflusses auf das Systemgeschehen von außen ist sehr begrenzt.

- *Balance zwischen Verändern und Bewahren*: Das BS kann dem KS nur die Spannung zwischen Verändern und Bewahren sichtbar machen und für eine Bearbeitung öffnen. Das KS allein trifft die Entscheidung, wie es damit umgeht.
- *Mobileeffekt*: Wo Energie vorhanden ist, sollte angefangen werden. Wie bei einem Mobile haben Interventionen an jeder Stelle Auswirkungen auf andere Bereiche.
- *Integration*: Harte und weiche Faktoren sind nicht voneinander zu trennen. Vision, Strategie, Struktur und Kultur stehen in Wechselwirkung.
- *Maßschneiderei, Prozessorientierung*: Anschlussfähige Interventionen müssen kontextabhängig geplant und im Prozess immer wieder angepasst werden.
- *Reflexion*: Um seiner Rolle und Aufgabe gerecht zu werden, muss das BS ständig Reflexionsschleifen durchlaufen.
- *Anschlussfähigkeit*: Die Berater müssen sich bemühen, die hinter den agierenden Personen wirksamen Strukturen und Logik des Systems zu erkennen und anschlussfähig intervenieren.
- *Partnerschaft*: Das BS muss ein stabiles System sein und die Nähe-Distanz-Regelung bezüglich des KS bewusst gestalten und sich wieder überflüssig machen.
- *Mehrbrillenprinzip*: d. h. Arbeit mit Perspektivenwechsel und mit Sichtweisen verschiedener, widersprüchlicher Strömungen.
- *Umsetzungsorientierung*: Implementierung ist von Beginn an integrales Prozesselement.

2.4 Die systemische Schleife

Das Modell der systemischen Schleife stellt den Denk- und Prozessansatz dar, welcher die systemische Haltung zum Ausdruck bringt: „Ich möchte verstehen, was läuft. Wir müssen zuerst Hypothesen bilden, reflektieren, nicht gleich agieren" (Königswieser, Hillebrand, & Ortner, 2009, S. 45).

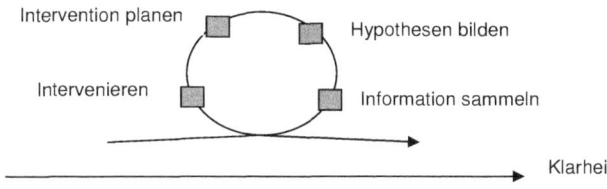

Abbildung 3: Prozessmodell "systemische Schleife",
modifiziert nach (Königswieser, Hillebrand, & Ortner, 2009, S. 46)

Der Berater macht sich nicht einfach ein Bild von der Organisation und der Problemlage wie mit einem Fotoapparat, sondern erzeugt über diesen Denkzirkel gemeinsam mit den Befragten die „Wirklichkeit", die dann Gegenstand weiterer Überlegungen zur Vorgehensweise ist. Aber es ist eine Illusion zu glauben, man müsste nur genug Fragen stellen und Information sammeln, dann würde das Bild komplett werden. Daher wird Reflexionsarbeit zwar auch mit dem Kunden gestaltet, aber das Beraterteam bzw. das Beratersystem ist das eigentliche Zentrum dieser Arbeit (Königswieser, Hillebrand, & Ortner, 2009, S. 47).

2.5 Fachberatung und Prozessberatung im Vergleich

Beratung als Unterstützung von Organisationen kann in der Praxis sehr unterschiedliche Formen annehmen. Zur Darstellung der verschiedenen Vorgehensweisen ist daher die Unterscheidung zwischen der Experten- oder Fachberatung und der (systemischen) Prozessberatung hilfreich.

Fachberatung ist dadurch gekennzeichnet, dass der Kunde ein Problem an einen Berater delegiert und dann einen Lösungsvorschlag erwartet. In vielen Fällen erwarten Kunden Expertenberatung, etwa zur Analyse von Prozessen oder zur Überprüfung von Strategien (Ellebracht, Lenz, Osterhold, & Schäfer, 2004, S. 27). Grundannahme dabei ist, dass dem Fachberater in der jeweiligen Frage mehr Wissen, Erfahrung oder Kompetenz zugeschrieben wird als dem Auftraggeber bzw. seiner Organisation.

Ausgangspunkt für Prozessberatung sind ebenfalls Probleme innerhalb eines Kundensystems. Hier liefert der Berater nach der Analyse jedoch keine fertige Lösung. Vielmehr wird ein Lösungsvorschlag innerhalb des Kundensystems erarbeitet. Aufgabe des Beraters ist es dabei, den Prozess zu begleiten und zu unterstützen. Systemische Organisationsberatung geht davon aus, dass die Kompetenz des Kundensystems grundsätzlich die Kompetenz externer Experten übersteigt, weil erst im System über die Wirkung bestimmter Maßnahmen entschieden wird. Daher ist systemische Beratung zuerst einmal Prozessberatung. Der Kunde wird dabei unterstützt, die für sich passenden Lösungswege zu finden. Dabei können je nach Thematik in einem Beratungsprozess die Anteile von Prozess- und Fachberatung unterschiedlich sein, wie nachstehende Grafik erläutert (Ellebracht, Lenz, Osterhold, & Schäfer, 2004, S. 27 f).

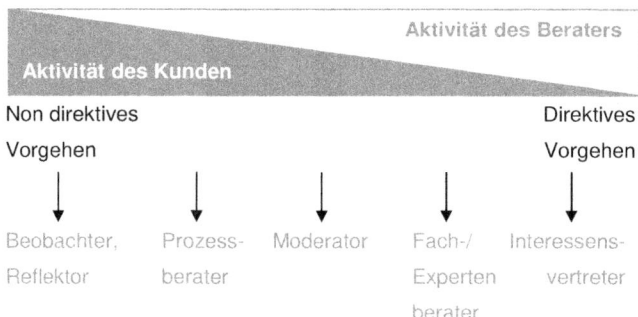

Abbildung 4: Fach- und Prozessberatung,
Quelle: (Ellebracht, Lenz, Osterhold, & Schäfer, 2004, S. 28)

2.6 Das komplementäre Beratungsmodell

Beratung zielt grundsätzlich auf eine Steigerung der Wertschöpfung oder der Produktivität ab. Jedoch unterscheiden sich die Zugänge hierzu in der Fach- bzw. Prozessberatung. Das Nacheinander oder Nebeneinander von Beratungsansätzen ist aus Kundensicht nicht mehr zielführend. Der Ansatz der Komplementärberatung bzw. der integrativen Beratung stellen den Nutzen des Kunden in den Mittelpunkt und greifen den scheinbaren Widerspruch von harten und weichen Faktoren in spezieller Weise auf (Königswieser, Hillebrand, & Ortner, 2009, S. 119 f).

Die nachfolgende Grafik veranschaulicht das komplementäre Beratungsmodell:

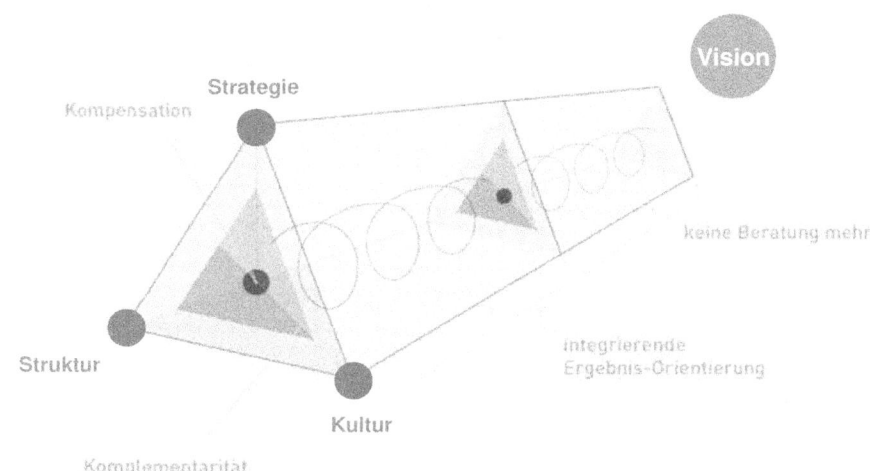

Abbildung 5: Das komplementäre Beratungsmodell,
modifiziert nach (http://www.koenigswieser.net/komplementaerberatung/modell.html)

Dabei stehen vier Elemente im Fokus (Königswieser, Hillebrand, & Ortner, 2009, S. 120):

- *Komplementarität* bedeutet die Ergänzung des unterschiedlichen Beraterwissens im Hinblick auf Fachberatung und Prozessberatung.
- Durch das zweite Element, der *Kompensation*, wird im Kundensystem das fehlende Wissen zur Verfügung gestellt.
- Weiters ist das *integrierte Erlebnis* zentraler Bestandteil. Die Integration von Prozess- und Fach-Know-how stellt eine Balance zwischen zu Beginn klar formulierten Zielen und sich im Projektverlauf veränderten Ergebniserwartungen her.
- Das vierte Element ist die *Haltung*. Diese ist keine Mischung aus der Haltung von Fach- und Prozessberatung, sondern erschließt vielmehr eine neue Dimension, wie in den vorangegangenen Kapiteln dargestellt.

Nähe und Distanz haben aus der Sicht der beiden Beratungsansätze eine unterschiedliche Funktion, die aber durchaus beide ihre Berechtigung haben. Fachberater sind im operativen Geschäft involviert und müssen im Geschäftsalltag dem Klienten beratend zur Seite stehen, weshalb ihre Anwesenheit erforderlich ist. Prozessberater hingegen erfüllen ihre Aufgabe nur, wenn sie Distanz wahren, beobachten, hypothetisch Schlüsse ziehen und diese ins Unternehmen rückmelden, temporär intervenieren und coachen, solange und so oft, bis sie sich zurückziehen können, um dem Klientensystem die Möglichkeit einzuräumen, aus eigener Kraft und selbstverantwortlich die für eine Weiterentwicklung sinnvoll erscheinenden Schritte zu setzen (Sonuç, Gebhardt, & Königswieser, 2006, S. 9).

Daraus ergibt sich für eine integrierte Beratung im Tandem bzw. Team ein erheblicher zeitlicher Koordinierungsbedarf und vor allem die Notwendigkeit, außerhalb der Beratungsarbeit vor Ort viel Zeit gemeinsamer Reflexion zu verwenden. Diese und die oben erwähnten Anforderungen an die Berater setzen auch ein entsprechendes Beraterprofil voraus (Sonuç, Gebhardt, & Königswieser, 2006, S. 9).

Auf die erforderlichen Beraterqualifikationen sowie auf die Grenzen dieses Modells wird in Kapitel 5.3 näher eingegangen.

2.7 Beratung als Anstoß für Veränderungen

Wie in Kapitel 2.5 dargestellt, werden Berater engagiert, um Probleme zu lösen. Abhängig vom angewendeten Beratungsmodell erhält der Kunde entweder eine fertige Lösung vom Berater oder wird in der Lösungsfindung vom Berater begleitet oder unterstützt. In beiden Fällen bedeutet aber die Problemlösung eine Veränderung des Kundensystems bzw. der Kundenorganisation. Daher wird im nachfolgenden Teil auf die unterschiedlichen Aspekte in Veränderungsprozessen detaillierter eingegangen.

3 Veränderung gestalten

In diesem Abschnitt der Arbeit werden die Voraussetzungen für Veränderungsprojekte vorgestellt sowie die Modelle von Kotter sowie Graves beschrieben. Im Anschluss wird auf die Verhaltens- und Kulturveränderung eingegangen. Der wichtige Aspekt der Führung in Veränderungsprozessen, insbesondere im Kontext von Verhaltens- und Kulturveränderungen, bildet den Abschluss dieses Teils der Arbeit.

3.1 Voraussetzung für erfolgreiche Veränderung

Vor dem Hintergrund sich ständig verändernder Rahmenbedingungen im unternehmerischen Umfeld, steigendem Kostendruck bei gleichzeitigen Wachstumszielen oder beispielsweise Unternehmenszusammenschlüssen, sind Organisationen permanent mit Veränderungsanlässen konfrontiert. Um Veränderungen erfolgreich und nachhaltig bewältigen zu können, bedarf es einiger Voraussetzungen.

Dringlichkeit zur Veränderung

Veränderungen erfordern von allen Beteiligten ein großes Maß an Kooperation, Initiative und Bereitschaft, Opfer zu bringen. Die Erzeugung eines Dringlichkeitsgefühls ist entscheidend, um die notwendige Kooperationsbereitschaft zu erzeugen (Kotter, 2011, S. 33 f). Daher müssen die Ursachen der Selbstgefälligkeit, wie zum Beispiel das Fehlen einer Krise, ausreichend Ressourcen, niedrige Leistungsmaßstäbe oder Beschönigungen aus dem Management reduziert werden.

Die Wege, die Dringlichkeitsstufe zu erhöhen, sind vielfältig. Nachfolgend sind einige Ansätze hierzu dargestellt (Kotter, 2011, S. 38):

- Eine Krise entstehen lassen, wie zum Beispiel finanzielle Verluste oder Qualitätsprobleme.
- Exzesse eliminieren, wie beispielsweise den firmeneigenen Jet oder die Kantine für das Management abschaffen.
- Zielvorgaben derart erhöhen, dass diese nicht durch den normalen Arbeitseinsatz erreicht werden können.

- Mitarbeiter müssen sich mit unzufriedenen Kunden oder Lieferanten auseinandersetzen.
- Oder der Einsatz von Beratern, um Schwächen und Risiken im Unternehmen von Außen aufzuzeigen.

Veränderungsbereitschaft und Veränderungsfähigkeit

Die Veränderungsfähigkeit beschäftigt sich mit der Frage, ob die erforderlichen Fähigkeiten für eine Transformation vorliegen, also dem „Können". Im Gegensatz dazu zielt die Veränderungsbereitschaft auf die entsprechende Motivation für einen Wandel ab, dem „Wollen (Bär, Krumm, & Wiehle, 2010, S. 46 ff). In nachstehender Tabelle werden die Elemente des Könnens und Wollens gegenüber gestellt:

Veränderungsfähigkeit (Können)	Veränderungsbereitschaft (Wollen)
• **Potenzial** für Veränderungen (Fähigkeiten und Fertigkeiten, inhaltlich Vorbereitet sein) • **Souveräne Lösungen** im Status Quo • Geeigneter **Umgang mit Hindernissen**, die im Veränderungsprozess auftreten • **Integration des bisher Gelernten**, Konsolidierung	• **Offenheit** für die Notwendigkeit von Veränderungen und einen Veränderungsprozess • **Dissonanz**, also das Unbehagen in der gegebenen Situation • **Einsicht** in die Vorteile der Veränderung, den durch die Veränderung erreichbaren Nutzen und die Tatsache, dass eine Veränderung als Prozess abläuft

Tabelle 2: Veränderungsfähigkeit und Veränderungsbereitschaft,
Quelle: (Bär, Krumm, & Wiehle, 2010, S. 47)

Vorhandensein einer starken Führungskoalition

„Eine Veränderung des Unternehmens im Ganzen kann nur dann sinnvoll stattfinden, wenn alle Schlüsselpositionen mit den passenden Personen besetzt sind" (Bär, Krumm, & Wiehle, 2010, S. 135). Diese Aussage beschreibt in aller Klarheit, dass neben den zuvor genannten Kriterien die Zusammensetzung des Führungsteams im Veränderungsprozess entscheidend ist.

Dabei sind vier charakteristische Merkmale von Bedeutung (Kotter, 2011, S. 50):

1. **Hierarchische Bedeutung** (Sind die Schlüsselspieler an Bord?)

2. **Expertise** (Sind verschiedene Ansichten – Fachwissen, Erfahrung, Nationalität, Dauer der Firmenzugehörigkeit, etc. – vertreten?)

3. **Glaubwürdigkeit** (Sind in der Gruppe genügend Leute mit guter Reputation, dass Vorankündigungen von den restlichen Mitarbeitern ernst genommen werden?)

4. **Leadership** (Sind in der Gruppe genügend Leader, die bewiesen haben, dass sie in der Lage sind, einen solchen Veränderungsprozess zu treiben?)

Der letzt genannte Punkt zum Leadership ist besonders wichtig. Man braucht beides in der Führungskoalition – Management- und Leadershipfähigkeiten – und sie müssen im Tandem arbeiten. Erstere halten den gemeinsamen Prozess unter Kontrolle, während letztere den Wandel vorantreiben (Kotter, 2011, S. 50).

3.2 Zwei Veränderungsmodelle

Erfolge beim Change Management sind rar. Dies bestätigt eine Studie von McKinsey von 2008 mit 3.199 Managern (Aiken & Keller, 2009): Auch hier wird festgestellt, dass nur eine von drei Change Management Initiativen erfolgreich ist. Die Ursachen hierfür sind vielfältig, wie beispielsweise mangelndes Durchhaltevermögen, Schwächen in der Planung oder unzureichende Einbindung der Mitarbeiter.

Eine zu starke Fokussierung auf Methoden und die technischen Komponenten im Veränderungsprozess sind ebenso wenig zielführend wie übertriebene Überzeugungs- bzw. Überredungsarbeit bei der Kommunikation. Jede Veränderung stellt für Organisationen und deren Mitglieder eine große Herausforderung dar. Daher müssen Change-Vorhaben einerseits wohl durchdacht und geplant sein, andererseits ist ein wesentliches Erfolgskriterium die Verbindung von Hard- und Softfacts. Führung in der Veränderung ist also mindestens so entscheidend wie Methoden oder Tools.

Im Anschluss werden zwei ausgewählte Modelle der Veränderung beschrieben und gegenüber gestellt. Darauffolgend wird näher auf die Thematik der Verhaltensveränderung sowie der Führung in Change-Prozessen eingegangen.

3.2.1 Die acht Schritte der Veränderung nach Kotter

Die Schritte eins und zwei wurden in Kapitel 3.1 als Voraussetzung für Veränderungen näher beschrieben. Insgesamt dienen die Schritte eins bis vier dazu, den Ist-Zustand grundsätzlich in Frage zu stellen. Die Schritte fünf bis sieben stellen die Implementierungsschritte dar und Schritt acht beschreibt die kulturelle Verankerung des Wandels im Unternehmen.

Abbildung 6: Eight steps to Transforming your Organization,
Quelle: (http://hbr.org/hb/article_assets/hbr/9503/95204_A.gif)

Kotter hebt dabei besonders die Wechselwirkung zwischen Leadership- und Management gestalteter Elemente hervor. Das schaffen einer Vision, einem sinnhaften und erstrebenswerten Bild von der Zukunft sowie die das Ableiten von Strategien, wie diese Vision umgesetzt werden kann, fokussieren den Leadership-Aspekt. Hingegen geht es im Managementbereich vor allem darum, Vorgehensschritte und Zeitpläne zu entwickeln, um Strategien zu implementieren bzw. diese Pläne in Budgets überzuleiten. Die Ausgewogenheit und der gezielte Einsatz von Leadership- bzw. Managementfähigkeiten in den einzelnen Phasen ist ein entscheidendes Erfolgskriterium für Veränderungsprozesse.

3.2.2 Das Graves Value System

Professor Clare W. Graves hat sein gesamten berufliches Leben damit verbracht, Gruppen von Menschen und Gesetzmäßigkeiten von Veränderungen zu erforschen (Graves, 1966). Er untersuchte Verhaltensweisen in allen sozialen Systemen, darunter ganze Bevölkerungsgruppen, Unternehmen, Familien, etc.. Er entdeckte, dass jedes soziale System auf Basis von gemeinsamen Prinzipien und Werten handelt. Je nachdem welche Werte dominieren – zum Beispiel Sicherheit, Loyalität oder Leistung – und welche Fähigkeiten vorhanden sind – zum Beispiel effiziente Aufgabenteilung oder strukturierte Planung – lässt sich das System in eine von acht Entwicklungsstufen einordnen (Bär, Krumm, & Wiehle, S. 26 ff).

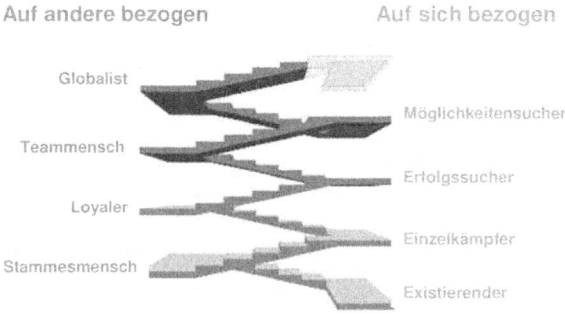

Abbildung 7: Das Graves Value System,
modifiziert nach (http://www.gravesvaluesystem.de/4.html)

Nachfolgend eine Beschreibung der einzelnen Ebenen im Graves Value System:

Existierender:

Der Mensch im **1.Level** befindet sich in der fundamentalsten Stufe des Lebens und des Bewusstseins. Er lebt in kleinen Gruppen oder Verbänden, die einen gewissen Schutz geben und zur Sicherung seiner Grundbedürfnisse, wie Nahrung, Wasser, Wärme und Fortpflanzung dienen. Menschen in dieser Stufe sind instinktgesteuert und handeln intuitiv. Die Urangst, der Verlust der überlebenswichtigen Kräfte begleitet ihn. In der Wirtschaft kämpft dieser Level ums ökonomische Überleben.

Stammesmensch:

Der Mensch im **2. Level** sieht sich als Mitglied einer Gemeinschaft, eines Clans, eines Tribes, mit dem Patriarchen, dem Häuptling, als Führer. Der Clan bietet Schutz, Sicherheit und Zugehörigkeit. Alles läuft auf einem Regelwerk, das festgelegt – meist nicht festgeschrieben – ist, was aber auch nicht hinterfragt wird. Aufopferung und Gehorsam werden vorausgesetzt. In dieser Stufe ist das Bewusstsein magisch-mystisch. Traditionen und Brauchtum werden gepflegt – Aberglaube hat ebenso seinen Platz. Im Wirtschaftsumfeld sind hier häufig patriarchalische Familienunternehmen zu finden, die wenig funktionale Strukturen aufweisen.

Einzelkämpfer:

Der Mensch im **3. Level** sieht sich als Eroberer und Herrscher von neuen Gebieten. Das Streben nach Macht, Unabhängigkeit und Ansehen zeichnen ihn aus. Die Ressourcen werden zum eigenen Vorteil genutzt, im Zweifelsfall ohne Rücksicht auf Verluste. Er kann schnell die Initiative ergreifen – und oft kraftvoll und innovativ wirken. Regeln und Gesetze kennt und will er nicht. Der Stärkere setzt sich durch. Eroberungsmärkte oder harte Strukturvertriebe sind hier zu nennen. Es wird auf den eigenen Vorteil gezielt – ohne Rücksicht.

Loyaler:

Der Mensch im **4. Level** sucht nach Regeln und Gesetzen und sieht sich als Teil eines Ordnungssystems. Dieses zeigt klare Strukturen und Zuständigkeiten auf, nach denen gelebt und gehandelt wird. Gerechtigkeit ist ein hohes Gut und wird vorausgesetzt. Loyalität wird belohnt. Diese Ebene zeichnet ein hohes Maß an Pflichtbewusstsein und Disziplin aus. Die Identität wird über das Kollektiv gewonnen. Hierarchien werden betont, Stellenbeschreibungen sind bedeutsam und Regeln sowie Strukturen finden Einzug.

Erfolgssucher:

Der Mensch im **5. Level** hat stets den eigenen Erfolg im Fokus, mit dem Ziel, seinen Wohlstand zu erhalten und zu mehren. Er hat viel Energie und Zielstrebigkeit. Dabei hat er den Blick auf das Ganze. Sein Erfolg geht nicht zwangsläufig auf Kosten der anderen. Die Weiterentwicklung mit einer klaren Zielorientierung und ständiger, rasanter Leistungssteigerung zeichnet ihn aus. Er ist rastlos. Prozessorientierung und Zielvereinbarungen prägen die Zusammenarbeit.

Teammensch:
Der Mensch im **6. Level** sieht Erfolg als das Ergebnis der richtigen Team-Konfiguration. Sein Denken ist auf Zielerreichung aus – dies aber kombiniert mit Teamdenken, gemeinsamem Handeln und Konsensbildung. Das Ziel ist die langfristige gemeinsame Erfolgssicherung. Begegnungen, Personen und Beziehungen sind ihm wichtiger als die Sache. Er befindet sich im ständigen Dialog mit seiner Umgebung. Im Vergleich denkt der Mensch hier weniger Absolut, sondern wägt verschiedene Meinungen ab. Partizipation und Einbeziehung sind wichtige Begriffe in der Zusammenarbeit.

Möglichkeitensucher:
Der Mensch im **7. Level** ist als erster in der Lage, die Vorzüge der vorhergehenden Levels zu erkennen, zu nutzen und zu kombinieren. Es entsteht der zweite Rang: die bisherigen Level haben die Welt und das Verständnis zur Welt nur aus ihrer Perspektive als richtig angesehen. Die Multiperspektivität war ihnen verschlossen. Hier liegt der Fokus auf Wissensvermehrung, Flexibilität, Kompetenz und Unabhängigkeit. Materieller Besitz, Macht und Status sind zweitrangig. Er denkt multiperspektivisch und systemisch mit großem Abstraktionsvermögen. Netzwerken und wechselnde Kooperationen sind Tagesordnungen. Rang und Status sind nicht wichtig, er fokussiert auf Kompetenz und Wissen.

Globalist:
Der Mensch im **8. Level** hat Nachhaltigkeit und Ganzheitlichkeit als richtungsweisende Maxime seines Handelns. Er denkt holistisch-global, ökologisch und intuitiv und konzentriert sich auf das Wohlergehen der Welt und richtet sein Leben und Arbeiten danach aus. Durch seine altruistische Haltung kann er sowohl Beobachter, als auch Gestalter sein.

Der Mensch im **9. Level** ist ich-bezogen und lebt mit dem Wissen, dass es keine Grenzen gibt, die nicht durch menschliches Tun und Sein erzeugt werden. Durch und durch mit Liebe und Respekt zu allen lebenden Wesen erfüllt, wird er durch sein Charisma die Menschen motivieren neue Wege zu gehen und Grenzen zu überschreiten.

Tabelle 3: Die Beschreibung der Ebenen im Graves Value System,
Quelle: (http://www.9levels.de/level-1-9.html)

Der Erfolg eines Unternehmens ist von zwei wesentlichen Faktoren abhängig: Das Unternehmen muss in sich stimmig „organisiert" sein, so dass Unternehmensziele, Werte, Strukturen und Prozesse ineinander greifen. Darüber hinaus muss die Organisation zu den aktuellen Marktbedingungen passen.

Ein Beispiel: Die Einführung der Balanced Scorecard ist zum Beispiel erst dann ratsam, wenn das Unternehmen über einen bestimmten Reifegrad verfügt. Erfolg und persönliche Verantwortung müssen bereits einen hohen Stellenwert im Unternehmen haben und wirklich gelebt werden. Darüber hinaus ist eine fortgeschrittene Prozessorientierung notwendig, damit das Unternehmen über die Balanced Scorecard wirksam gesteuert werden kann.

Das beschriebene Beispiel führt zu einem weiteren Punkt: Es gibt grundsätzlich zwei Kategorien von Change-Vorhaben. Zur ersten Kategorie gehören diejenigen Fälle, in denen sich ein Unternehmen innerhalb seiner derzeitigen Entwicklungsstufe weiter optimiert. Dies wäre der Fall, wenn das Unternehmen bereits über die notwendigen Fähigkeiten und Werte verfügt und „nur noch" die Balanced Scorecard einzuführen wäre. Und obwohl Veränderungen immer anstrengend und kräftezehrend sind, ist die erste Kategorie vergleichsweise harmlos. Viel schwieriger ist es, ein Unternehmen auf eine neue Stufe zu entwickeln, denn dies bedeutet einen Paradigmenwechsel. Entsprechend anders müssen Vorbereitung und Durchführung angelegt sein (Bär, Krumm, & Wiehle).

Ein wesentliches Merkmal des Graves Value System ist der alternierende Ich- und Wir-Bezug der Ebenen. Die aufeinander aufbauenden Ebenen wechseln in ihrer Betonung des Einzelnen und der Gemeinschaft ab. In einer Entwicklungsstufe kommt das Ich/Mir/Mein stärker zum Zug, eigene Interessen werden über jene der Gemeinschaft gestellt. In der jeweils nächsten, direkt darauf folgenden Stufe steht das Wir/Uns/Unser Gefühl im Vordergrund. So stehen Werte wie Konsens, Loyalität und Zugehörigkeit im Fokus (Bär, Krumm, & Wiehle, 2010, S. 33).

3.3 Herausforderung Kulturwandel

Als autopoietische Systeme können sich Unternehmen immer nur von innen ändern. Von außen, vom Markt, von der Politik, den Shareholdern oder Beratern mag es Irritationen geben, aber die Art, wie das Unternehmen auf diese Herausforderungen reagiert, wird durch seine intern definierten Spielregeln festgelegt. Die Überlebens- und Anpassungsfähigkeit eines jeden solchen Systems hängt davon ab, ob es in der Lage ist, seine internen Strukturen und Prozesse autonom zu verändern (Simon, 2009, S. 251 f).

In diesem Zusammenhang sind die Möglichkeiten der unternehmerischen Gestaltungselemente von Bedeutung. Diese können gemäß nachstehendem Modell wie folgt eingeteilt werden:

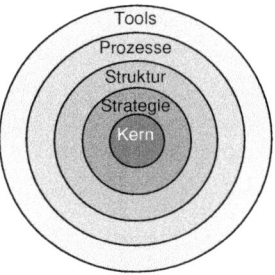

Abbildung 8: Organisatorische Gestaltungselemente eines Unternehmens,
modifiziert nach (Bär, Krumm, & Wiehle, 2010, S. 59)

Der Kern eines Unternehmens, also die gemeinsamen Werte und darauf aufbauenden Verhaltensweisen sowie die „ungeschriebenen Gesetze" sind das am schwersten zu ändernde Gestaltungselement. Die Ebene der Tools ist die am einfachsten zu verändernde Schicht. Die einzelnen Gestaltungselemente hängen von einander ab und beeinflussen sich gegenseitig. Zum Beispiel definiert die Strategie die „Wichtigkeit" einer Abteilung und hat damit Einfluss auf deren Größe und Zusammensetzung (Bär, Krumm, & Wiehle, 2010, S. 59 ff).

Der Kern eines Unternehmens ist aus drei wesentlichen Gründen so schwer zu verändern (Kotter, 2011, S. 127):

1. Weil die Menschen passend ausgewählt und geschult wurden.
2. Weil die Kultur durch das Handeln einer Vielzahl von Menschen ausgeübt wird.
3. Weil all dies zum großen Teil unbewusst geschieht und die Kultur daher schwer in Frage gestellt oder auch nur diskutiert werden kann.

Kultur lässt sich nicht einfach umgestalten. Eine Kultur lässt sich nur dann verändern, wenn man zuvor die Handlungsweisen der Menschen erfolgreich geändert hat, wenn das neue Verhalten der Gruppe über einen längeren Zeitraum positive Ergebnisse gebracht hat und die Menschen die Verbindung zwischen neuem Handeln und verbesserter Leistung wahrnehmen (Kotter, 2011, S. 132). Daher geschieht Kulturwandel nicht ausschließlich, aber überwiegend, am Ende eines Veränderungsprozesses.

3.4 Führen in Veränderungsprozessen

Change Management wird bei Veränderungsvorhaben häufig als „Beiwerk" zum faktischen „Umbau" angesehen, welches heutzutage eben zum „guten Ton" gehört. Die Mitarbeiter sollen sich eingebunden fühlen. Doch nach anfänglicher Euphorie verflacht das Interesse oft sehr schnell. *„Letztendlich zählen die Ergebnisse, da müssen meine Leute eben durch". „Wer die Veränderung nicht mitmacht, ist hier ohnehin an der falschen Stelle"*, lauten beispielhafte Aussagen von Führungskräften. Zuerst allerdings gehen die Besten, wenn sie keine Orientierung und Unterstützung durch ihre Führungskräfte bekommen. Das ist der springende Punkt. Die zentrale Bedeutung von Führung im Change Management als „Rückgrat der Gestaltung des Veränderungsprozesses" ist den betroffenen Führungskräften nicht immer bewusst (Frantz-Kovacs, 2011, S. 42).

Je nach Intensität und Art der erforderlichen Veränderung handelt es sich um einen Wandel 1. oder 2. Ordnung. Während der Wandel 1. Ordnung eine Veränderung innerhalb des bestehenden Systems bedeutet (das heißt Optimierung oder Verbesserung), erfordert der Wandel 2. Ordnung einen Muster- und häufig auch Identitätswechsel, somit eine radikale Veränderung. In diesem Fall bedeutet dies, an die Grenzen bisheriger Erfahrungen zu gehen und sich der damit verbundenen

Verunsicherung zu stellen. Der Wandel 1. Ordnung gelingt in der Regel leichter und ist mit den bewährten Führungsinstrumenten gut steuerbar. Beim Wandel 2. Ordnung wird es anspruchsvoller, weil tiefere Schichten der Organisation und der betroffenen Menschen berührt werden. Heftige emotionale Reaktionen sind hier normal und „gesund" (Frantz-Kovacs, 2011, S. 42). Der Umgang mit emotionalen Reaktionen wird im nachfolgenden Abschnitt näher beleuchtet.

3.4.1 Umgang mit Emotionen

Die emotionalen Reaktionen der Betroffenen auf anstehende Veränderungen sind zumindest in groben Zügen durchaus absehbar und von einer recht klaren Abfolge von Emotionen begleitet. Nur treten diese emotionalen Reaktionen nicht zeitgleich auf, sondern es ist zumeist eine zeitliche Verschiebung der „emotionalen Fieberkurve" zu beobachten (Frantz-Kovacs, 2011, S. 43 f).

Zeitliche Wahrnehmung der Veränderungsphasen

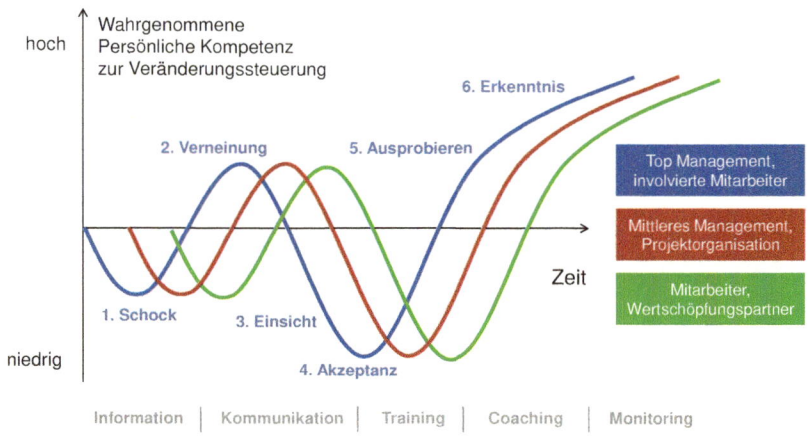

Abbildung 9: Die Veränderungskurve,
modifiziert nach (Frantz-Kovacs, 2011, S. 44)

Erfolgreiche Führungskräfte finden Wege Probleme oder Lösungen in einer Art aufzuzeigen, die die Emotionen von Menschen berühren und nicht nur die Ratio. Der Umgang mit Emotionen ist noch immer ein Thema, welches häufig als unangenehmer Störfaktor gesehen wird. Vor allem wenn sogenannte „negative" Emotionen aufkommen, wird dies als „Kritik" an der Führung oder als destruktive Haltung gesehen, die oft Unverständnis auslöst. Dabei liegt es in der Dynamik von Veränderungsprozessen selbst, dass diese Emotionen unweigerlich auftreten. Tun sie das nicht, findet Veränderung nicht statt oder die Emotionen bewegen sich auf einer subtilen Ebene. Wie und wann Führungskräfte sich mit diesen Emotionen auseinandersetzen, beeinflusst entscheidend die Qualität und die Erfolgsaussichten der Veränderung (Frantz-Kovacs, 2011, S. 43 ff).

Im Umgang mit Emotionen wie Angst, Sorge und Ärger empfiehlt sich (Frantz-Kovacs, 2011, S. 44):

- Stimmungen aktiv anzusprechen,
- Verständnis zu zeigen und gleichzeitig dabei Zielorientierung,
- die Bedeutung und Stärken des Mitarbeiters hervorzuheben,
- Erwartungsmanagement zu betreiben und den Realitätsbezug nicht zu verlieren,
- Prozesssicherheit zu geben und Räume des Austauschs anzubieten,
- Gerüchte auf Fakten zu reduzieren und aufzuklären.

3.4.2 Situative bzw. kongruente Führung

In Anlehnung an das Graves Value System ist es wichtig, Führung bezogen auf die jeweilige Ebene zu adaptieren. Die Ausprägung der Führung muss daher nicht nur zur Person und zur Aufgabenstellung passen, sondern insbesondere auch zur Graves Ebene des Umfeldes. Ist die Führung nicht passend (nicht kongruent), kann sie nicht wirksam werden oder erzeugt Widerstand beim Mitarbeiter. Für eine Führungssituation nach Graves müssen vier Aspekte in Bezug auf die Graves Ebene betrachtet werden (Bär, Krumm, & Wiehle, 2010, S. 80 ff):

1. Welcher Ebene liegen die Management-Richtlinien oder Führungsleitlinien des Unternehmens zu Grunde?
2. Auf welcher Ebene befindet sich die Führungskraft?
3. Auf welcher Ebene agiert und denkt der zu führende Mitarbeiter?
4. Welche Art von Arbeit ist zu tun, welchen Charakter besitzt oder erfordet diese Tätigkeit?

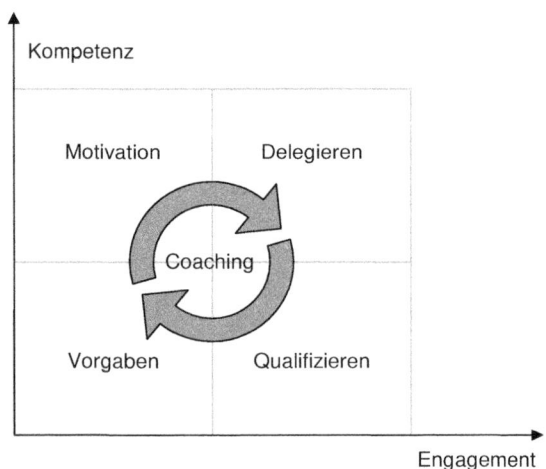

Abbildung 10: Situatives Führens im Graves System,
modifiziert nach (Bär, Krumm, & Wiehle, 2010, S. 85)

Eine wichtige Kompetenz einer Führungskraft ist es, einerseits Orientierung zu geben (Wo will ich hin?) und andererseits Sinn zu stiften (Warum will ich dort hin?). Das bedeutet, sich als Führungskraft selber über die Ziele und den Sinn von Maßnahmen oder Veränderungen klar zu sein. Und dies bedeutet auch, bei Veränderungen immer wieder zu prüfen, wie und ob das Neue mit den unternehmensspezifischen Werten und Verhaltensnormen vereinbar ist. Nur wer selbst vom Neuen überzeugt ist, kann andere führen. Wenn es Führungskräften gelingt, ihre eigene Leidenschaft für die Entwicklung oder Veränderung eines Unternehmens ansteckend zu machen, Leadership also besonders eindrucksvoll und begeistert zu zeigen, dann gelingt die Gefolgschaft der Mitarbeiter scheinbar leicht (Mikulcik, 2012).

Daher wird im folgenden Kapitel näher auf die Thematik des Führens eingegangen. Dabei werden insbesondere der Aspekt der Begeisterung in der Führung und beim Lernen sowie dessen neurobiologische Grundlagen dargestellt.

4 Gehirngerecht führen

Dieses Kapitel widmet sich dem Thema Führung, insbesondere unter dem Fokus aktueller neurowissenschaftlicher Erkenntnisse. Wie in Abschnitt 3.3 beschrieben, können sich Unternehmen immer nur von innen ändern, indem man die Verhaltensweisen der Mitarbeiter verändert. Daher ist Führung eine der wichtigsten Erfolgskriterien bei Change-Projekten überhaupt. Im folgenden Teil der Arbeit wird auf das Stress- und Motivationssystem und auf die Beziehungsgestaltung zwischen Führungskraft und Mitarbeiter eingegangen. Weiters werden Aspekte des organisationalen Lernens behandelt sowie Regeln für gehirngerechte Führung vorgestellt.

4.1 Aspekte aus der Psychologie und Hirnforschung

Die biologischen Antriebsaggregate des Menschen – die Motivationssysteme – haben ihren Sitz sehr zentral im Mittelhirn und sind über Nervenbahnen mit vielen anderen Hirnregionen verbunden. Der „Treibstoff" dieser Motivationssysteme besteht aus drei Botenstoffen (Bauer, 2007):

1. Dopamin, das ein Gefühl des Wohlbefindens erzeugt und den Organismus in einen Zustand von Konzentration und Handlungsbereitschaft versetzt. Damit hat Dopamin die Funktion einer physischen und psychischen Antriebs- und Motivationsdroge.

2. Es werden endogene Opioide freigesetzt, deren Wirkung derjenigen von Opiaten entspricht. Damit haben sie positive Effekte auf das Ich-Gefühl, auf die emotionale Gestimmtheit und die Lebensfreude. Zudem vermindern sie die Schmerzempfindlichkeit und stärken das Immunsystem.

3. Der dritte Wohlfühl-Botenstoff ist Oxytoxin, das sowohl Ursache als auch Wirkung von Bindungserfahrungen ist. D.h. es wird erzeugt, wenn es zu einer Vertrauen stiftenden Begegnung kommt. Zudem kann es Bindungen rückwirkend stabilisieren. So konnte nachgewiesen werden, dass Personen als Folge einer geschäftlichen Transaktion, in denen ihnen Vertrauen entgegengebracht wurde, erhöhte Oxytoxin-Werte aufwiesen.

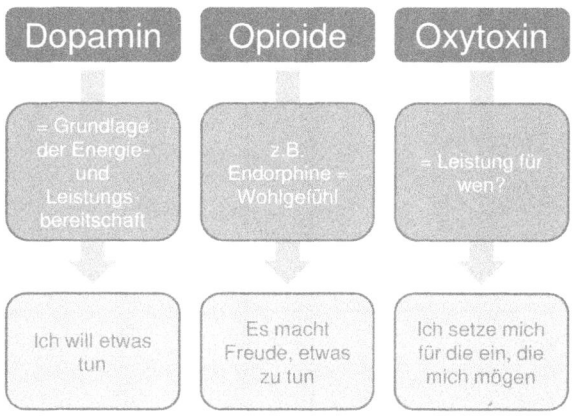

*Abbildung 11: Botenstoffe als Treibstoff der Motivationssysteme,
modifiziert nach (Binder-Kissel, 2008, S. 1)*

Was aktiviert nun die Motivationssysteme des Menschen bzw. wie lässt sich das Motivationssystem positiv beeinflussen? Dieser Frage wird im folgenden Kapitel nachgegangen.

4.2 Die Wirkung des Stress- und des Motivationssystems

Nichts stimuliert so sehr, wie der Wunsch, von anderen gesehen zu werden, die Aussicht auf soziale Anerkennung, das Erleben positiver Zuwendung und die Erfahrung von Liebe. Kern aller Motivation ist es also aus neurobiologischer Sicht, zwischenmenschliche Anerkennung, Wertschätzung und Zuwendung zu finden oder zu geben. Diese Einsicht ergab sich erst in den letzten fünf bis zehn Jahren und ist das Ergebnis einer Serie von teilweise überaus aufwändigen Untersuchungen. Entdeckt wurde dabei: Die Motivationssysteme schalten ab, wenn keine Chance auf soziale Zuwendung besteht, und sie springen an, wenn das Gegenteil der Fall ist. Wer Menschen nachhaltig motivieren will, muss ihnen die Möglichkeit geben, mit anderen zu kooperieren und Beziehung zu gestalten. Gelingende Beziehungen gehen mit der Ausschüttung der Botenstoffe

Dopamin, Oxytoxin und Opioide einher und sind damit das unbewusste Ziel allen menschlichen Bemühens. Die Botenstoffe belohnen uns nicht nur mit subjektivem Wohlergehen, sondern auch mit körperlicher und mentaler Gesundheit. Dopamin sorgt für Konzentration und mentale Energie, Oxytoxine und Opioide reduzieren Stress und Angst (Binder-Kissel, 2008, S. 1 f).

Anerkennung, Zugewandtheit und Vertrauen sind der neurobiologische Treibstoff der Motivationssysteme. Entscheidende Voraussetzungen für die positive Ausgestaltung einer Beziehung oder eines Veränderungsvorhabens sind (Bauer, 2007, S. 178 ff):

- Sehen und Gesehen werden (z.B. den Mitarbeiter als Person beachten),
- gemeinsame Aufmerksamkeit gegenüber etwas Drittem (z.B. einer Idee des Mitarbeiters),
- emotionale Resonanz (z.B. Mitgefühl bei Negativerlebnissen),
- gemeinsames Handeln (z.B. mit anpacken oder gemeinsame Unternehmungen) und
- das wechselseitige Verstehen von Motiven und Absichten (z.B. die Motive der Mitarbeiter erkennen und dadurch Potenziale zu entfalten).

Ein weiterer wichtiger Aspekt von Beziehungen ist Wechselseitigkeit sowie die Komplementarität. Das heißt als Führungskraft, dass ich die „Gegenspur", den Mitarbeiter, sehe und mich auf ihn einlasse. Auf der eigenen Spur des Weges sollte sich aber ebenfalls jemand befinden: ich selbst. Und man sollte selbst darauf achten, dass man gesehen, geachtet und verstanden wird. Dazu muss ich als Führungskraft einen aktiven Beitrag leisten: signalisieren, was ich will, und welche Vorstellungen und Absichten ich habe. Damit repräsentiert die Gegenspur das Verstehen, die eigene Fahrspur bedeutet: Man-selbst-sein und zu seinen Überzeugungen stehen. Viele Menschen stecken in dem Dilemma, dass sie nur einspurig fahren. „Dauer-Versteher" sind ganz mit dem Gegenüber beschäftigt, dass sie nur noch Rücksicht nehmen. „Selbst-Spezialisten" dagegen sind unfähig, die Gegenspur zu sehen und andere zu verstehen. Einspurige Beziehungsarrangements müssen – ob im Beruf oder im Privatleben – auf lange Sicht scheitern (Binder-Kissel, 2008, S. 1 f).

Die Motivationssysteme des Gehirns
sind auf Beziehung ausgerichtet.
Keine Motivation ohne Beziehung!

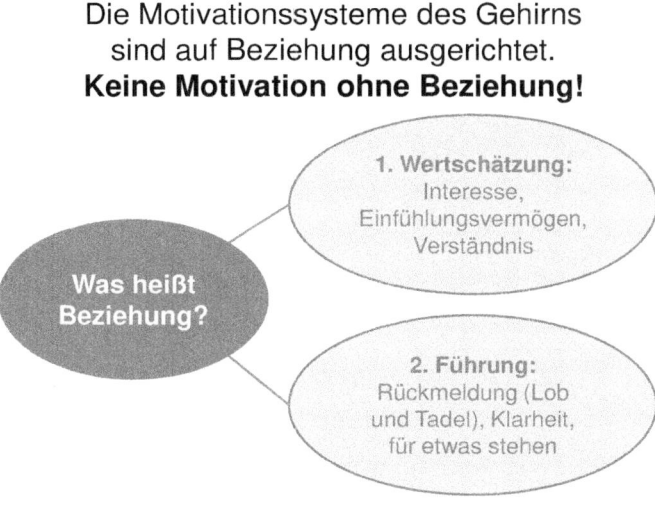

Abbildung 12: Keine Motivation ohne Beziehung,
modifiziert nach (Binder-Kissel, 2008, S. 2)

Führungskräfte tragen Verantwortung für ihre Mitarbeiter. Daher sollte bei ihnen die Fähigkeit, Beziehungen zu gestalten, maximal ausgeprägt sein.

4.3 Beziehungsgestaltung durch emotionale Intelligenz

Als emotionale Intelligenz versteht man die Fähigkeiten, die eigenen Gefühle zu kennen und richtig handzuhaben, die Gefühle anderer zu durchschauen und erfolgreich mit ihnen umzugehen sowie das eigene Gefühlsleben kontrollieren zu können. Die emotionale Kompetenz ist dabei eine auf emotionaler Intelligenz beruhende erlernte Fähigkeit. Die emotionale Kompetenz unterteilt sich einerseits in persönliche Kompetenzen, von denen es abhängt, wie wir mit uns selbst umgehen und andererseits in soziale Kompetenzen, von denen es abhängt, wie wir Beziehungen handhaben (Golemann, 1999, S. 36 ff):

Persönliche Kompetenzen	Soziale Kompetenzen:
Selbstwahrnehmung emotionales Bewusstsein, zutreffende Selbsteinschätzung, Selbstvertrauen	**Empathie** andere verstehen, andere entwickeln, Serviceorientierung, Vielfalt nutzen, politisches Bewusstsein
Motivation Leistungsdrang, Engagement, Initiative, Optimismus	**Geschicklichkeit in Beziehungen** **zu anderen** Einfluss, Kommunikation, Konfliktbewältigung, Führung, Katalysator des Wandels, Bindungen aufbauen, Zusammenarbeit, Teamfähigkeiten
Selbstregulierung Selbstkontrolle, Vertrauenswürdigkeit, Gewissenhaftigkeit, Anpassungsfähigkeit, Innovation	

Tabelle 4: Emotionale Intelligenz,
Quelle: (Golemann, 1999, S. 36 ff)

Wer hohe emotionale Intelligenz besitzt, hat damit noch nicht die emotionalen Kompetenzen erlernt, auf die es im Beruf ankommt. Er hat lediglich eine exzellente Möglichkeit, diese zu erlernen (Golemann, 1999, S. 37).

Im Hinblick auf Veränderung sind emotionale Kompetenzen, von Führungskräften ebenso wie von Beratern, von enormer Bedeutung, um Personen und Organisationen zu verstehen und zu beeinflussen, Kooperation und Motivation zu gestalten und Menschen dahin zu bringen, gut zusammen zu arbeiten.

4.4   Begeisterung als Grundlage des Lernens und Veränderns

Wenn einem etwas wirklich wichtig ist, dann strengt man sich auch an, um es zu erreichen. Wenn es dann tatsächlich klappt, ist man hellauf begeistert. Und immer dann, wenn man sich so richtig für etwas begeistert, wenn es einem unter die Haut geht und man etwas besonders gut hinbekommen hat, wird im Mittelhirn eine Gruppe von Nervenzellen erregt. Die schütten dann an den Enden ihrer langen Fortsätze einen Cocktail neuroplastischer Botenstoffe aus.

Zum Leidwesen aller tapferen Pflichterfüller passiert das nie im Routinebetrieb des Gehirns, wenn man all das abarbeitet, was anliegt, sondern nur in diesem wunderbaren Zustand der Begeisterung. Genau das ist es, was die Hirnforscher meinen, wenn sie sagen, dass das Gehirn so wird, wie und wofür man es mit Begeisterung benutzt. Und deshalb ist auch das, worauf es ankommt, nicht die Umwelt, sondern die subjektive Bewertung, also das, was man in dieser jeweiligen Umwelt wichtig findet, wofür er oder sie sich interessiert und begeistert.

Wenn man also wissen will, wieso Menschen so werden, wie sie werden, muss man herausfinden, was ihnen in der Vergangenheit wichtig war, was ihnen jetzt wichtig ist und was ihnen in Zukunft möglicherweise besonders wichtig sein wird. Denn nur für das, was einem Menschen wichtig ist, kann er sich auch begeistern, und nur wenn sich ein Mensch für etwas begeistert, werden all jene Netzwerke ausgebaut und verbessert, die der betreffende Mensch in diesem Zustand der Begeisterung nutzt (Hüther, Wer wir sind und was wir sein könnten, 2011, S. 92 ff).

Eine Führungskraft muss daher in der Lage sein, interessante, begeisterungsfähige und bildhafte Geschichten über Sachverhalte zu erzählen. Menschen werden nicht von Fakten und Daten, sondern von deren Gefühlen, Geschichten und anderen Menschen getrieben bzw. beeinflusst. Aufgabe der Führungskraft muss es demnach sein, für tiefgreifende Erlebnisse zu sorgen und anschließend die daraus resultierenden Einsichten der Mitarbeiter zu vertiefen (Aigner, 2012). Eine wesentliche Grundlage hierfür ist eine möglichist hohe emotionale Intelligenz der Führungskräfte sowie der engagierten Berater.

4.5 Regeln für gehirngerechte Führung

Mit der Vielfalt neuer Ideen, die ein Unternehmen hervorbringt, wächst die Wahrscheinlichkeit, dass es erfolgreich ist. Umgekehrt gibt die Innovationskraft einer Organisation wie ein Seismograph Auskunft über deren inneren Zustand. Ein Unternehmen ist in dieser Hinsicht wie ein menschliches Gehirn: Hier wie dort offenbart ein magerer Ideenoutput, dass es an Neugier, Begeisterungsfähigkeit und Gestaltungslust fehlt. Und so wie es Gehirne gibt, in denen die Kommunikation zwischen rechter und linker Hemisphäre und zwischen „oben" und „unten" nicht recht gelingt, gibt es auch Unternehmen mit entsprechenden Blockaden. Solche Unternehmen mögen gewisse Zeit überleben. Lebendig, kreativ und innovativ sind sie nicht – und damit höchstwahrscheinlich auch nicht zukunftsfähig. Unternehmen, die langfristig erfolgreich sind, gleichen dagegen zeitlebens lernfähigen Gehirnen: Sie lernen durch Versuch und Irrtum, sammeln Erfahrungen, entwickeln flache, stark vernetzte Strukturen und passen ihre innere Organisation immer wieder neu an sich verändernde Rahmenbedingungen an. Durch sich selbst optimierende kommunikative Vernetzungen auf und zwischen den Organisationsebenen gelingt es ihnen, rasch, umsichtig und nachhaltig auf neue Herausforderungen zu reagieren (Hüther, Wie gehirngerechte Führung funktioniert, 2009). Dazu hat Hüther vier Regeln für gehirngerechte Führung abgeleitet:

1. Regelmäßig neue Herausforderungen schaffen!
Damit das Gehirn nicht in eingefahrenen Routinebahnen stecken bleibt, braucht es permanent andersartige Herausforderungen. Nur diese lösen im Gehirn eine emotionale Erregung (Arousal) aus. Um diese zu beruhigen, fängt das Gehirn an, ernsthaft nach einer Lösung zu suchen. Das Denken bleibt beweglich. Für Führungskräfte bedeutet das: Sie sollten ihre Mitarbeiter regelmäßig vor neue Herausforderungen stellen. Dazu kann zum Beispiel Job-Rotation – also das Modell des regelmäßigen Arbeitsplatzwechsels innerhalb einer Abteilung oder des Unternehmens – eingesetzt werden.

2. Das Know-how im Unternehmen vernetzen!
Die Lösungssuche gelingt im Gehirn am besten, wenn viele und weit voneinander entfernt liegende neuronale Netzwerke gleichzeitig aktiviert werden. Im kreativen Prozess werden sie dann neu miteinander verknüpft. Kreativ sein heißt demnach nicht

in erster Linie, Neues zu erfinden, sondern das bereits vorhandene, aber bisher voneinander getrennte Wissen auf eine neue Weise zu verbinden. Für das Management bedeutet das: Es muss versuchen, das unterschiedliche Know-how im Unternehmen immer wieder neu zu mischen. Zum Beispiel indem es durch „Abteilungs-Hospitanzen" Schnittstellen bildet, abteilungsübergreifende Teams aufsetzt oder in Großgruppenkonferenzen die Organisationsmitglieder vernetzt.

3. Eine positive Fehlerkultur schaffen!

Angst entsteht als Folge von Verunsicherung. Sie löst im Gehirn ein archaisches Notfallprogramm aus, das nur noch drei Verhaltensweisen zulässt: Angriff, Flucht oder Erstarrung. Andere komplexe, handlungsleitende Erregungsmuster sind nicht mehr aktivierbar. Kreative Problemlösungen sind unter solchen Umständen unmöglich. Übertragen auf das Management bedeutet das: Es muss dafür sorgen, dass die Mitarbeiter möglichst wenig Druck und Versagensangst verspüren. Dafür ist vor allem eine positive Fehlerkultur notwendig. Heißt: Fehler sollten nicht bestraft, sondern vielmehr als Chance gesehen werden, um aus ihnen zu lernen. Im Kreativprozess muss ein jeder das Recht haben, Fehler zu machen – ohne Sanktionen zu befürchten.

4. Für positive Erfahrungen sorgen!

Alle Netzwerke im Gehirn, die gleichzeitig aktiviert werden, werden aneinander gekoppelt. Das ist der Grund, warum das Gehirn bestimmte Emotionen mit bestimmten Gefühlen, Gerüchen, Personen oder Situationen verknüpft. Für Führungskräfte heißt das: Sie müssen dafür sorgen, dass ihre Mitarbeiter ihre Person mit positiven Erfahrungen verknüpfen. Zum Beispiel indem sie sie loben, Interesse für ihre Person zeigen oder ihnen in schwierigen Situationen mit Rat zur Seite stehen. Durch diese positiven Kopplungen erzeugen sie Zugehörigkeitsgefühl und Leistungsbereitschaft bei den Mitarbeitern.

Dieses Kapitel zeigt die Wichtigkeit der Führung in Beratungs- sowie Veränderungsprozessen. Führungskompetenzen sind daher nicht nur für Führungskräfte von Bedeutung, sondern sind auch eine entscheidende Fähigkeit für externe Berater, um die Beratungsprozesse bei Kunden erfolgreich gestalten zu können.

5 Fachberatung verbessern

Im letzten Teil der Arbeit wird ein Modell entwickelt, um die Fachberatung mit den dargestellten Erkenntnissen aus der systemischen Beratung, aus dem Veränderungsmanagement sowie aus Erkenntnissen der Führung zu verbessern. Dabei geht es um die Frage, wie Veränderungen wirksamer und nachhaltiger in der Kundenorganisation verankert werden können. Das ganzheitliche Beratungsmodell wird im Detail vorgestellt und im Anschluss kritisch reflektiert.

5.1 Die Schwächen der Fachberatung

Fachberatung ist dadurch gekennzeichnet, dass der Kunde ein Problem an einen Berater delegiert und anschließend einen Lösungsvorschlag erwartet. Für die Umsetzung der Lösung ist meist der Kunde selbst verantwortlich. Die reine Fachberatung ist daher ein vorwiegend technischer Ansatz, Probleme mittels Hilfe von externen Experten zu lösen. Typische Anwendungsfälle sind beispielsweise Analysen von Abläufen, Kostenoptimierungen oder Strategiefragen, wofür vom Fachberater Entscheidungsgrundlagen oder Handlungsempfehlungen erarbeitet werden.

In jenen Beratungsfällen, wo die Aufgaben über die technischen Komponenten hinaus gehen und soziale Aspekte, sprich die Organisation, die Mitarbeiter und deren Verhaltensmuster ins Spiel kommen, ist der reine Fachberatungsansatz zum Scheitern verurteilt. Von außen vorgegebene Konzepte, Abläufe oder Handbücher erreichen die Mitarbeiter oft nicht, und führen daher zu keiner Verhaltensanpassung. Wie in Kapitel 2.7 und 3.3 beschrieben, lassen sich Organisationen nur von innen verändern. Fachberatung kann daher lediglich einen Anstoß zur Veränderung liefern.

5.2 Das adaptiv-kollaborative Beratungsmodell

Die klare Trennung von Fach- und Prozessberatung hat sich im Sinne einer Spezialisierung, Arbeitsteilung und Abgrenzung von Beratungsunternehmen und -kompetenzen lange Jahre als funktional erwiesen. Auch für die Kundensysteme war die Zuordnung der zu beziehenden Leistungen unkompliziert: „Müssen wir mehr erwirtschaften, holen wir uns Fachberater ins Haus. Müssen wir die Kultur verändern, holen wir uns systemische Berater ins Haus." Das war die verkürzte Formel für die Beraterauswahl (Sonuç, Gebhardt, & Königswieser, 2006, S. 1).

Diese Separierung des Beratungsansatzes in Fach- und Prozesssicht erscheint nicht mehr praxistauglich. Es geht nicht um die Frage, Fach- oder Prozessberatung, sondern viel mehr darum, welche Elemente aus beiden Ansätzen man für den jeweiligen Beratungsfall zielgerichtet einsetzt. Ein ganzheitlicher Ansatz berücksichtigt harte Faktoren wie Strategie, Strukturen oder Systeme als auch weiche Faktoren wie Organisation, Werte oder Führung.

Für diesen ganzheitlichen Ansatz ist es (zumindest aus Sicht des Fachberaters) erforderlich, die Prozess- bzw. systemische Beratung zu „entmythisieren". Prozessberater sind weder „positionslose Moderatoren" noch „Softies" oder „Schönwetterberater", die das unternehmerische Handeln ausblenden (Sonuç, Gebhardt, & Königswieser, 2006, S. 2). Im Gegenteil, Prozessberatung ist, wie Fachberatung, bilanzwirksam.

Mit dem nachstehenden Modell habe ich versucht, für unser eigenes Unternehmen einen ganzheitlichen Beratungsansatz zu entwickeln. Im Fokus stand dabei, abhängig von der Zielsetzung, der Aufgabenstellung und den Rahmenbedingungen des Kundensystems den passenden Beratungsansatz ableiten zu können.

Wichtiger Hintergrund dabei ist, dass wir derzeit primär im Feld der Fachberatung tätig sind. Allerdings sind wir auch immer wieder mit Veränderungsprojekten (z.B. Prozessoptimierungen) sowie Reorganisationsprojekten (z.B. Unternehmenszusammenschlüssen oder Neuausrichtung von Unternehmen oder unternehmerischen Teilbereichen) konfrontiert. Das Modell soll daher insbesondere die Weiterentwicklung des Fachberatungsansatzes in Richtung Prozessberatung aufzeigen, um Beratungsprojekte mit Veränderungscharakter erfolgreicher abwickeln zu können.

Dieses Beratungsmodell hilft somit einerseits beim Finden des bestmöglichen Ansatzes für die Implementierung einer anpassungsfähigen Lösung (adaptiv), und andererseits zeigt es die Art und Intensität der Zusammenwirkung mit dem Klienten auf (kollaborativ). Daher nenne ich es das *adaptiv-kollaborative Beratungsmodell*.

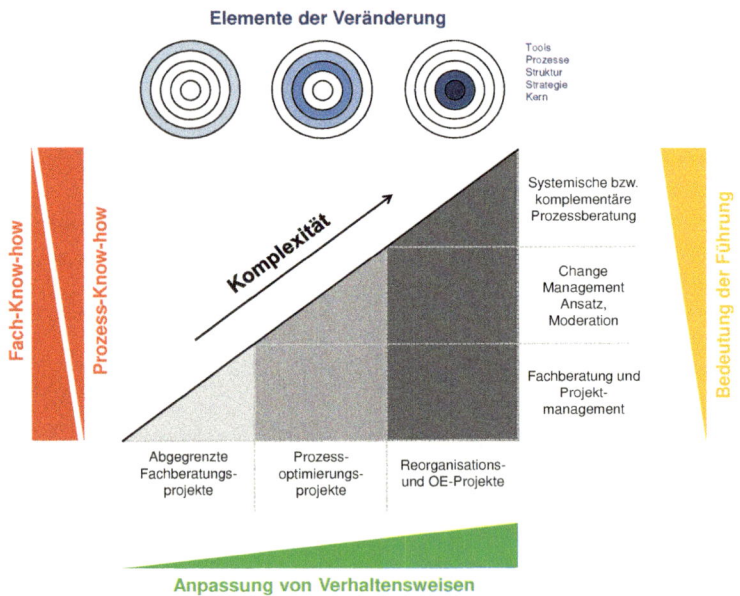

Abbildung 13: Das adaptiv-kollaborative Beratungsmodell,
(eigene Darstellung)

5.2.1 Dimensionen des adaptiv-kollaborativen Beratungsmodells

In der Frage, welcher Beratungsansatz für den vorliegenden Beratungsfall gewählt wird, sind vier Dimensionen zu berücksichtigen.

1. *Elemente der Veränderung – **blau** (siehe Kapitel 3)*

   Geht es lediglich um die „äußere Schale", also um die Tools, ist ein reiner Fachberatungsansatz praktikabel. Sobald jedoch Prozesse, Strategien, Strukturen, Kultur und Werte von der Veränderung betroffen sind, gewinnt die Prozessberatung an Bedeutung bzw. ist eine Kombination aus Fach- und Prozessberatung anzustreben.

2. *Anpassung von Verhaltensweisen – **grün** (siehe Kapitel 3 und 4)*

   In dieser Dimension spielt die Kategorie der Veränderung, d.h. ob eine Veränderung 1. Ordnung (z.B. Prozessoptimierung) oder 2. Ordnung (z.B. radikale Neuausrichtung) angestrebt wird. Je größer die angestrebte Verhaltensänderung ist und je mehr Mitarbeiter von diesen Verhaltensanpassungen betroffen sind, umso mehr müssen diese in den Beratungs- bzw. Change-Prozess mit eingebunden sein und umso eher müssen Elemente des Veränderungsmanagements und der Prozessberatung angewendet werden.

3. *Fach-Know-how und Prozess-Know-how – **rot** (siehe Kapitel 2)*

   Ein wichtiger Aspekt hierbei ist, welches fehlende Fach- und/oder Prozesswissen im Kundensystem durch das Beratersystem kompensiert werden soll. Zudem beeinflusst diese Dimension die Zusammensetzung des Beraterteams. Es geht dabei darum, welche Berater mit welcher Qualifikation und Erfahrung im Beratungsprojekt mitwirken müssen.

4. *Bedeutung der Führung – orange (siehe Kapitel 3 und 4)*

Hier geht es ebenso um die Frage, welche Lücke im Kundensystem geschlossen werden soll, allerdings in Bezug auf den Führungsaspekt. Zweck dabei ist es, das Berater-Klienten-System mit den für das Beratungs- bzw. Veränderungsziel erforderlichen (harten) Management- und (weichen) Leadership-Fähigkeiten auszustatten. Diese Dimension beeinflusst daher ebenfalls die Zusammensetzung des Beraterteams in Bezug auf die unterschiedlichen Rollen, welche die Berater wahrnehmen müssen (z.B. Führungskräfte-Coach, Interimsmanager, etc.).

5.2.2 Anwendung des adaptiv-kollaborativen Beratungsmodells

Dieser ganzheitliche Beratungsansatz lässt sich am professionellsten umsetzen, wenn Vertreter aus beiden komplementären Ansätzen in einem Tandem beziehungsweise in einem gemischten Team zusammenarbeiten. Das geht allerdings nur dann gut, wenn beide Seiten mit den Aufgabenstellungen, Zielsetzungen, Methoden und mentalen Modellen des jeweils anderen Ansatzes vertraut und bereit sind, Unternehmensentwicklung ganzheitlich zu sehen.

Damit stehen beide Know-how-Bereiche zur Verfügung und können kontextabhängig, anlassbezogen und hypothesengeleitet eingesetzt werden. Das fachliche Berater-Know-how wird daher nicht nur für Vorgaben und Ausarbeitungen genutzt, sondern für das Stellen lösungsgenerierender Fragen, als Stärke eines fachlichen Sparringpartners, als zusätzliche Option für Lösungsmodelle sowie als Öffner für erweiterte Blickwinkel für innovative Maßnahmen (Sonuç, Gebhardt, & Königswieser, 2006, S. 8 f).

Fachberater sind im operativen Geschäft beim Klienten involviert, weshalb ihre Anwesenheit erforderlich ist. Prozessberater hingegen erfüllen ihre Aufgabe nur, wenn sie Distanz wahren, ihre Außensicht zur Verfügung stellen, intervenieren und sich wieder zurückziehen, um die Autonomie des Klientensystems nicht zu gefährden. Daraus ergeben sich für eine integrierte Beratung bzw. Team ein erheblicher zeitlicher Aufwand sowie Koordinierungsbedarf und vor allem die Notwendigkeit, viel Zeit für gemeinsame Reflexion zu verwenden. All diese Anforderungen setzen ein entsprechendes Beraterprofil voraus (Sonuç, Gebhardt, & Königswieser, 2006, S. 9).

5.3 Neue Anforderungen an Fachberater

Die Anforderungen an Berater im adaptiv-kollaborativen Beratungsmodell sind vielfältig und komplex. Einerseits ist es erforderlich, die nötige Expertise im Fachbereich zu besitzen bzw. sich anzueignen. Das Fachwissen ist dabei allerdings lediglich als Basis-Qualifikation zu sehen.

Weiters stellen Know-how und Erfahrung in Veränderungsprozessen eine Kernqualifikation dar. Denn um Veränderungsprozesse zu designen und durchzuführen, ist es erforderlich, zumindest rudimentäre Vorstellungen davon zu haben, wie Veränderung in Organisationen im Allgemeinen abläuft (Simon, 2009, S. 251).

Darüber hinaus müssen Berater immer mehr unterschiedliche Rollen wahrnehmen können. Als „Sparringspartner" der Kunden wechselt er zwischen persönlichen Coachingphasen der Klienten (Personenfokus), der Fach- und Systemperspektive und dem Prozessfokus. Diese Rolle erfordert auch Wissen über das Management, dessen Perspektiven und über fachliche Themen des Vorhabens, d.h. Know-how in den jeweiligen Teilaspekten der Betriebswirtschaft (Boos, Heitger, & Hummer, 2005, S. 13).

Neben dem Wissen und der Erfahrung von Fach- und Prozessexperten ist menschliche Reife vorausgesetzt. Das bedeutet nicht, perfekt und fehlerfrei zu sein, sondern einen reflektierten, bewussten Umgang mit eigenen und fremden Stärken und Schwächen zu haben (Sonuç, Gebhardt, & Königswieser, 2006, S. 12).

Zu guter Letzt brauchen die Berater Ich-Stärke, um sich auf die unsicheren, offenen Prozesse wirksam einzulassen, und – wenn sie in Beraterteams arbeiten – stabile Kooperationsbeziehungen. Ihr Interventionsrepertoire konkretisiert sich in der Arbeit im Beratersystem, in kontinuierlicher Diagnosearbeit und in Interventionen, die mit dem Klienten (z.B. in einem Steuerteam) entwickelt werden (Boos, Heitger, & Hummer, 2005, S. 13).

5.4 Komplexität und Herausforderungen des Ansatzes

Das Konzept des adaptiv-kollaborativen Beratungsmodells, der Verschmelzung von Fach- und Prozessberatung erscheint relativ einfach, wenn man darüber spricht: Unterschiedliches Wissen zum Wohle des Kunden zusammenbringen, integrieren, verzahnen. Die Praxis zeigt allerdings, dass ein Zusammenwirken meist extrem schwierig ist (Sonuç, Gebhardt, & Königswieser, 2006, S. 11 f):

- *„Die Unterschiede sind zu groß"*
  Fach- und Prozessberater gehen, wie zuvor dargestellt, von unterschiedlichen theoretischen Modellen, Wirklichkeitskonstruktionen und Werten aus. Sie repräsentieren zwei konträre Denkformen. Eine echte Integration wäre nur dann möglich, wenn sich entweder die Fachberatung von ihrer Linearität und rationalen Geschlossenheit oder die Prozessberatung sich von ihrer Offenheit und Komplexitätsannahme trennen könnten, d. h. beide Beratungsansätze müssten sich von ihren Grundannahmen verabschieden bzw. sie weiterentwickeln.

- *„Das ist eine Pionierarbeit, die erst geübt, geprobt, gelernt werden muss"*
  Da die Paradigmen, Modelle und Erfahrungen beider Beratungsansätze so unterschiedlich sind, bedarf es einer hohen Motivation, um diese Herausforderung der Integration zu versuchen. Voraussetzung ist allerdings, sich darüber zu allererst Basiswissen anzueignen. Mehr als in homogenen Beraterteams geht es dabei um Konkurrenz („Wer ist besser?)", um Macht („Wer hat einen größeren Einfluss auf das Kundensystem?") und um Identität („Wer genießt das größere Vertrauen mit seiner Kompetenz?") Ohne wechselseitige Akzeptanz und ohne die Flexibilität, je nach Situation dem anderen den „Lead" zu überlassen, werden die Kooperationsversuche spätestens beim ersten Sturm, der ersten Kritik des Kunden gegenüber den Beratern scheitern.

- *„Die strukturellen Rahmenbedingungen müssen dafür geschaffen werden, sonst geht es nicht"*
  Selbst wenn die Beziehung zwischen den Tandempartnern belastbar ist, die Unterschiede als wertvolle Ressource gesehen werden, bedarf es entsprechender Rahmenbedingungen um erfolgreich zu kooperieren. Dazu zählt ein klarer Kontrakt, der die Zielerwartungen definiert, die Rollen und die Art der Beziehungsgestaltung zum Kunden klärt. Zum Beispiel ist es eine wichtige Frage, wer wie viel verfügbar ist, wer vor Ort ist und welche Spielregeln gelten.

Aus diesen Gründen macht es mehr Sinn, das Know-how zur systemischen Prozessberatung hausintern aufzubauen, anstatt von externen Partnern anzukaufen (Claßen & von Kyaw, 2010, S. 104). Das Schaffen der strukturellen Rahmenbedingungen, das Lernen und Üben des gesamthaften Vorgehens sowie die Überwindung der Unterschiede beider Ansätze können so besser gelingen.

Ferner sollten folgende Bedingungen erfüllt sein, um ein integriertes Beratungsprojekt erfolgreich durchführen zu können (Sonuç, Gebhardt, & Königswieser, 2006, S. 11 f):

- Ein klarer Kontrakt mit dem Kundensystem, in dem die Erwartungen als klare Ziele definiert sind, d.h. Klientenprofessionalität, gemeinsames Zielverständnis.
- Die Auftraggeber wollen den integrierten Ansatz und verstehen den damit verbundenen Mehrwert (Weg und Wirkung).
- Anschlussfähige Arbeit mit den internen Experten, Miteinbeziehen der Betroffenen.
- Miteinbeziehen der relevanten Umwelten (z.B. Benchmarking), immer wieder Herstellen des Zusammenhanges von Prozessentscheidungen und Ertrag.
- Fach-Know-how zur Verfügung stellen (wann, wie viel, wo entwickeln, und implementieren).
- Klare Entscheidungen und Konsequenzen.
- Die Businessorientierung fokussieren (Claßen & von Kyaw, 2010, S. 95)
- Institutionalisierung von Reflexionsschleifen - mit den Kunden - Top-Management Coaching, enge Zusammenarbeit mit der Projektleitung, die die Logik der Verknüpfung lebt.
- Passende Architekturen, die den Umgang mit Unsicherheit erleichtern.
- Qualitative Arbeit im Beratersystem, genug Zeit und Kapazität für Reflexion, für Interventionsentscheidungen, Supervision, gemeinsame Verantwortung fürs Ganze.

Die Herausforderungen in der Umsetzung des adaptiv-kollaborativen Beratungsmodells sind groß, der Nutzen jedoch unbestritten. Durch Integration der jeweils anderen Dimension (Prozess- bzw. Inhalts-/Fachdimension) kann eine zweidimensionale Steigerung der Beratungswirkung erreicht werden, wie nachstehende Grafik erläutert:

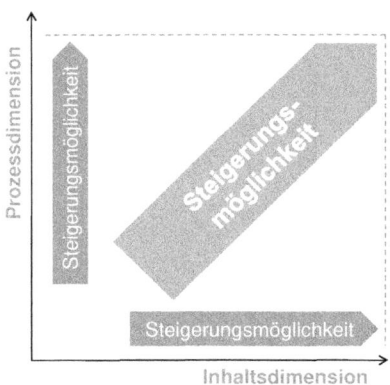

Abbildung 14: Zweidimensionale Verbesserungsmöglichkeiten, modifiziert nach (Claßen & von Kyaw, 2010, S. 101)

Einzelne Prozessberater versuchen bereits, einen ähnlichen, kombinierten Ansatz aus Fach- und Prozessberatung als „komplementäres" oder „integratives" Beratungsmodell umzusetzen. Möglicherweise ist der Weg, sich als Fachexperte das nötige Wissen zur systemischen Prozessberatung anzueignen, aufwändiger, als für Prozessberater, das erforderliche Fachwissen aufzubauen. In jedem Fall aber ist die Einführung eines solchen Beratungsmodells ein eigenes Change-Vorhaben. Daher werden im abschließenden Kapitel einzelne Aspekte dieser Veränderung im eigenen Unternehmen näher beleuchtet.

6 Umsetzung einleiten

Die Einführung des adaptiv-kollaborativen Beratungsmodells wird unsere Organisation verändern und darüber hinaus Auswirkungen auf die Menschen in der Organisation haben. Daher beschäftigt sich der letzte Abschnitt dieser Arbeit mit ausgewählten Aspekten dieses Change-Vorhabens und reflektiert kritisch die Voraussetzungen und den Kontext dieser Veränderung. Darüber hinaus werden zum Schluss mögliche Konsequenzen und Handlungsoptionen für mein persönliches Arbeitsumfeld aufgezeigt.

6.1 Der Veränderungskontext

Bevor auf die Einführung des adaptiv-kollaborativen Beratungsmodells im engeren Sinn eingegangen wird, ist es hilfreich, in diesem Zusammenhang einen Blick auf den Kontext zu werfen. Dabei gilt es einerseits zu klären, ob es sich um einen Optimierungs- oder Reorganisationsansatz handelt. Andererseits geht es um die Frage der Dosis, also wie viele Veränderungsvorhaben zeitgleich für unsere Organisation verträglich sind.

Ob Optimierung oder Reorganisation bzw. Erneuerung vorliegt, ist empirisch in der Praxis nicht einfach festzustellen. Als Beurteilungsraster können folgende fünf Ansatzpunkte aus dem neuen St. Galler Managementmodell herangezogen werden.

Abbildung 15: Ansatzpunkte der Unternehmensentwicklung,
Quelle: (Rüegg-Stürm, 2003, S. 85)

In diesem Zusammenhang bedeutet Optimierung, dass diese fünf Kategorien lediglich etwas besser aufeinander abgestimmt worden sind. Erneuerung liegt dagegen vor, wenn

- sich bei mindestens einer Kategorie grundlegende Änderungen ergeben haben, die Auswirkungen auf die anderen Kategorien, sowie die Abstimmung dieser fünf Kategorien untereinander haben und
- diese Veränderung zudem mit der Aneignung grundlegend neuer Fähigkeiten verbunden ist.

Somit ist die Umsetzung des adaptiv-kollaborativen Beratungsmodells jedenfalls als Erneuerung einzustufen. Nachfolgende Grafik veranschaulicht die Einteilung der derzeit laufenden bzw. kurzfristig anstehenden Veränderungen im eigenen Unternehmen in die Kategorie Optimierung bzw. Reorganisation/Erneuerung.

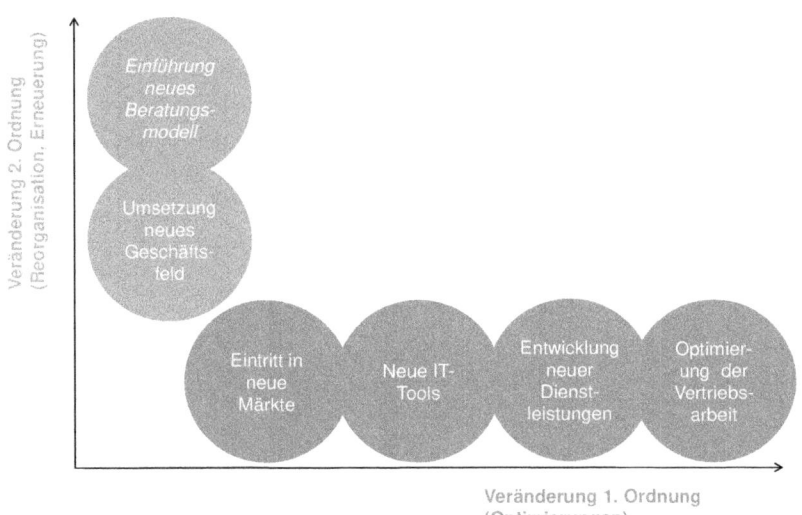

Abbildung 16: Aktuelle Veränderungsvorhaben im eigenen Unternehmen (eigene Darstellung)

Lässt man die Einführung des adaptiv-kollaborativen Beratungsmodells außen vor, werden derzeit vier Optimierungsvorhaben und ein Erneuerungsvorhaben parallel abgewickelt. Diese hohe Anzahl an Veränderungen stellt unsere Organisation mit zehn Mitarbeitern, aufgeteilt auf zwei Standorte, bereits heute vor Herausforderungen in der

Umsetzung. Unter diesem Hintergrund sollte der Zeitpunkt der Umsetzung des neuen Beratungsmodells kritisch geprüft werden.

Darüber hinaus haben beide Erneuerungsvorhaben auch persönliche Auswirkungen auf mich, da ich einerseits aktuell die Umsetzung eines neuen Geschäftsfeldes leite und anderseits zumindest der Initiator für die Einführung des neuen Beratungsmodells sein werde. Der persönliche Aspekt wird nachfolgend im Abschnitt 6.4 näher erläutert.

6.2 Prüfung der Veränderungsvoraussetzungen

Um die Veränderung erfolgreich umsetzen zu können, ist, wie in Abschnitt 3.1 beschrieben, die Prüfung der Veränderungsfähigkeit und der Veränderungsbereitschaft im eigenen Unternehmen erforderlich. Nachfolgend die Einstufung der Veränderungsvoraussetzungen für die Umsetzung des adaptiv-kollaborativen Beratungsmodells:

Veränderungsfähigkeit (Können)
• **Potenzial**: Auf Marktveränderungen wurde bisher gut reagiert, zudem große Projekterfahrung. Aber Kenntnisse über Veränderungsmanagement und systemische Beratung nur bei einzelnen Mitarbeitern vorhanden.
• **Souveräne Lösungen**: Hohe Qualität der Arbeit, sehr gute Fachkenntnisse, gefestigte Marktstellung, aber Schwächen im Vertrieb
• **Umgang mit Hindernissen:** Hohe Problemlösungskompetenz für bekannte Aufgaben
• **Integration des Gelernten:** Hohe Lernfähigkeit in bekannten Themenfeldern, mittelmäßig bei Unbekanntem, Umsetzungsstärke bei neuen Themen gegeben
Veränderungsbereitschaft (Wollen)
• **Offenheit**: Bedingt gegeben, aktuell viele Veränderungsvorhaben in der Umsetzung
• **Dissonanz:** Nur bei Einzelnen gegeben
• **Einsicht:** Nur bei Einzelnen gegeben

Tabelle 5: Beurteilung der Veränderungsvoraussetzungen

6.3 Einleiten der Veränderung

Wie in der vorangegangenen Tabelle ersichtlich, ist die Veränderungsfähigkeit demnach als hoch einzustufen, während die Veränderungsbereitschaft nur gering ausgeprägt ist. Um das „Wollen" zu erhöhen, können folgende Maßnahmen getroffen werden (Bär, Krumm, & Wiehle, 2010, S. 130 ff):

- Aktuell laufende Veränderungen umsetzen und messbare Erfolge hervorheben
- Lernen, neues zu integrieren bzw. Lernen durch Reflexion
- Vorhandenes Potenzial aktivieren bzw. Potenzial schaffen oder akquirieren
- Den Druck bzw. das Unbehagen in der Organisation erhöhen, die Selbstgefälligkeit reduzieren

Diese Aktionen müssen in die tägliche Projekt- sowie laufende Führungsarbeit integriert werden, um die Veränderungsbereitschaft zu erhöhen.

Neben der Wichtigkeit, eine Führungskoalition für ein Change Vorhaben aufzubauen, stellen sogenannte Keimzellen eine wichtige Bedeutung in der Veränderungsarbeit dar. Keimzellen sind Personen, Gruppen oder Teile des Unternehmens, in dem die Veränderung ausprobiert, validiert, verfeinert und vorangetrieben wird (Bär, Krumm, & Wiehle, 2010, S. 140 f). Darauf aufbauend lassen sich für unser Veränderungsvorhaben folgende Aktionen ableiten:

- Aufbau einer Keimzelle, ausgehend von mir als Initiator
- Wissenstransfer in der Keimzelle bzgl. des neuen Beratungsmodells
- Anwendung des selben und sammeln erster Erfahrungen
- Kommunikation der Maßnahmen und Erfolge in die Organisation
- Weiteres Vorantreiben der Veränderung, alle Berater integrieren

Die Erhöhung der Veränderungsbereitschaft und das Bilden einer Keimzelle zur Veränderung stellen zwei erste, zentrale Maßnahmen dar, um den Wandel zur Umsetzung des adaptiv-kollaborativen Beratungsmodells erfolgreich einzuleiten.

6.4 Persönliche Auswirkungen

Die Einführung des adaptiv-kollaborativen Beratungsmodells hat unmittelbare Auswirkungen auf meinen zukünftigen Arbeitsbereich bzw. mich. Zu meiner Rolle als Initiator für das neue Beratungsmodell sind meine derzeitigen Funktionen in einen Gesamtkontext zu stellen - einerseits in meiner Funktion als Fachberater, andererseits als Leiter eines neuen Geschäftsfeldes, dessen Aufbau aktuell im Gange ist. Nachstehende Abbildung veranschaulicht meine wesentlichen Arbeitsbereiche und die mögliche zukünftige Entwicklung derselben:

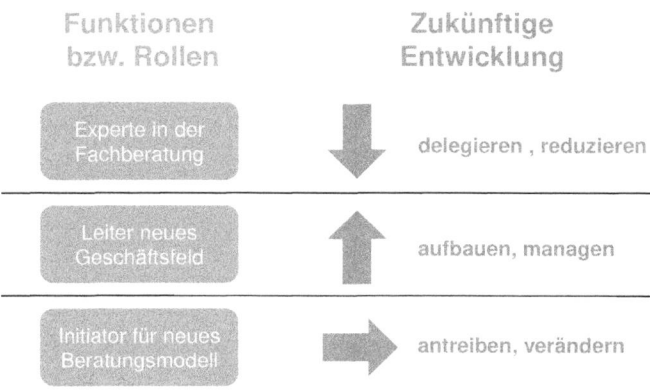

Abbildung 17: Entwicklung des persönlichen Arbeitsumfeldes (eigene Darstellung)

In diesem Sinne ist die Einführung des adaptiv-kollaborativen Beratungsmodells nicht nur ein Veränderungsvorhaben für die Unternehmensorganisation, sondern auch ein „Change" auf persönlicher Ebene und eine Möglichkeit zur Karriereentwicklung für mich selbst.

7 Zusammenfassung und Ausblick

Je komplexer die Beratungs- und Veränderungsvorhaben in Organisationen sind, umso eher müssen Aspekte, Methoden und Haltung des systemischen Managements mit einfließen. Dabei ist im Einzelfall zu prüfen, welche Methoden und Ansätze aus dem Veränderungsmanagement bzw. der Prozessberatung für den jeweiligen Kunden bzw. die jeweilige Aufgabe passend sind. Die provokante Frage hierzu lautet: Wie viel systemische Beratung benötigt und verträgt der Klient? Die gleiche Frage muss sich selbstkritisch auch das Beratungsunternehmen stellen, d.h. wie viel Spannungsfeld hält die Beratungsorganisation bzw. das Beratersystem aus!

In der Umsetzung des adaptiv-kollaborativen Beratungsmodells stehen für die Berater selbst große Veränderungen an. Neue Rollen, neue Methoden und neue Ansätze werden Herausforderungen darstellen. Insbesondere wird der Umgang mit Unsicherheit und Offenheit im Ergebnis ein wichtiger Faktor sein. Möglicherweise wird nicht jeder Berater für systemische Beratungsansätze oder Veränderungsmanagement geeignet sein oder den Wandel dazu schaffen.

Im Sinne des adaptiv-kollaborativen Beratungsansatzes ist es wichtig, ein gewisses Basiswissen für Veränderungsmanagement und Prozessberatung bei allen Beratern aufzubauen, um das Verständnis für die unterschiedlichen Ansätze zu fördern. Dies ist entscheidend, um bei integrierten Beratungsprojekten erfolgreich im Beraterteam und im Beratungssystem interagieren zu können.

Zum Schluss bleibt die Frage, wie dieser neue Beratungsansatz im eigenen Unternehmen eingeführt werden kann. Da die Umsetzung ein komplexer und für die Berater ein mit Verhaltensänderung einhergehender Prozess sein wird, erscheint die systemische Beratung als geeigneter Ansatz hierzu. Einerseits kann dabei das eigene Unternehmen weiter entwickelt werden und andererseits können parallel dazu die Ansätze und Methoden der Prozessberatung hautnah miterlebt, gemeinsam entwickelt und gehirngerecht gelernt werden.

Auf eine weitere Ausführung der Umsetzungsplanung dieses Beratungsmodells wird bewusst verzichtet. Da sich Unternehmen nur von innen verändern können, ist diese Arbeit als Irritation zu sehen, als Anstoß für eine Neuausrichtung der Organisation sowie für die agierenden Personen in der Organisation!

8 Literaturverzeichnis

Aigner, D. (2012). *Neuroscience: Leadership – Erkenntnisse der Hirnforschung.* Abgerufen am 17. Juli 2012 von http://www.ai-invest.com/2010/05/neuroscience-leadership-erkenntnisse-hirnforschung/

Aiken, C., & Keller, S. (April 2009). *The irrational side of change management.* Abgerufen am 12. Juli 2012 von http://www.mckinseyquarterly.com/Organization/Change_Management/The_irrational_side_of_change_management_2335

Bär, M., Krumm, R., & Wiehle, H. (kein Datum). *Das Graves-Value-System in der Praxis.* Abgerufen am 12. Juli 2012 von http://www.gravesvaluesystem.de/4.html

Bär, M., Krumm, R., & Wiehle, H. (2010). *Unternehmen verstehen, gestalten, verändern.* Wiesbaden: Gabler.

Bauer, J. (2007). *Prinzip Menschlichkeit.* Hamburg: Hoffmann und Campe.

Binder-Kissel, U. (Dezember 2008). *Was motiviert Menschen?* Abgerufen am 17. Juli 2012 von http://www.binder-kissel.de/downloadarchiv/fuehrungbauerwasmotiviert.pdf

Boos, F., Heitger, B., & Hummer, C. (2005). *Systemische Beratung im Vergleich, Anforderungen und Zukunft.* Abgerufen am 9. Sept 2012 von http://www.wiso.uni-hamburg.de/fileadmin/wiso_master_hrm/Systemische_Beratung_im_Vergleich.pdf

Claßen, M., & von Kyaw, F. (2010). *Change Management Studie 2010, Business Transformation – Veränderungen erfolgreich gestalten.* Abgerufen am 24. Sept 2012 von http://www.at.capgemini.com/m/at/tl/Change_Management_Studie_2010.pdf

Ellebracht, H., Lenz, G., Osterhold, G., & Schäfer, H. (2004). *Systemische Organisations- und Unternehmensberatung.* Wiesbaden: Gabler.

Frantz-Kovacs, C. (Mai 2011). *Veränderung braucht Führung.* Abgerufen am 29. Juni 2012 von http://www.neuwaldegg.at/beratergruppe/publikationen/alle-publikationen-nach-autoren/publikationen-von-carmen-frantz-kovacs/

Golemann, D. (1999). *EQ2 - Der Erfolgsquotient.* München, Wien: Carl Hanser.

Graves, C. W. (September/Oktober 1966). Deterioration of Work Standards. *Harvard Business Review 44* , S. 117-128.

Himmelreich, D., & Teuber, S. (April 2006). *Bundesverband Deutscher Unternehmensberater BDU e. V.* Abgerufen am 12. Juli 2012 von http://www.admin.bdu.de/docs/downloads/FG/pe/Langfassungen/Langversion_ Change.pdf

Hüther, G. (2011). *Wer wir sind und was wir sein könnten.* Frankfurt am Main: S. Fischer.

Hüther, G. (Jänner 2009). *Wie gehirngerechte Führung funktioniert.* Abgerufen am 17. Juli 2012 von http://www.kulturwandel.org/wie-gehirngerechte-fuehrung-funktioniert.html

Kieslinger, A. (Aug 2012). Geschichten erzählen. *Business & Logistic* , S. 6.

Königswieser, R., Hillebrand, M., & Ortner, J. (2009). *Einführung in die systemische Organisationsberatung.* Heidelberg: Carl Auer.

Kotter, J. P. (2011). *Leading Change: Wie Sie Ihr Unternehmen in acht Schritten erfolgreich verändern.* München: Vahlen.

Mikulcik, H. (2012). *Führung in Veränderungsprozessen.* Abgerufen am 10. Sept 2012 von http://www.domendos.com/fachlektuere/fachartikel/artikel/fuehrung-in-veraenderungsprozessen/

Mohe, M., & Seidl, D. (August 2008). Wieso scheitern Beratungsprojekte? Eine kritische Analyse. *Wirtschaftswissenschaftliches Studium* , S. 419-424.

Müller, S., Heinze, M., & Wewezow, C. (13. Oktober 2008). *Warum scheitern Beratungen? – Neuer Blick auf alte Probleme.* Abgerufen am 10. Juli 2012 von http://clockwiseconsulting.wordpress.com/2008/10/13/warum-scheitern-beratungen-neuer-blick-auf-alte-probleme/

Rüegg-Stürm, J. (2003). *Das neue St. Galler Management-Modell.* Bern Stuttgart Wien: Haupt.

Simon, F. B. (2009). *Gemeinsam sind wir blöd!?: Die Intelligenz von Unternehmen, Managern und Märkten.* Heidelberg: Carl Auer.

Sonuç, E., Gebhardt, J., & Königswieser, R. (2006). *Integrierte Fach- und Prozessberatung: Eine Antwort auf Markterfordernisse?* Abgerufen am 12. Juli 2012 von http://www.koenigswieser.net/uploads/media/Integrierte_Fachund_Prozessberatung_Tagungsband06.pdf